Wolf von Angern

Das Liechtenstein-Syndrom

Wolf von Angern

Das Liechtenstein-Syndrom

Das Geschäft meines Lebens

Rotbuch Verlag

Für Bernd-Jürgen von Angern

Inhalt

Einleitung

Die Festnahme

»Die LGT entschuldigt sich bei ihren Kunden und Mitarbeitern in aller Form und bedauert die entstandene Situation außerordentlich ...«

Presseerklärung der LGT Group vom 15.02.2008

Am 14. Februar 2008 fuhren mehrere zivile Polizeifahrzeuge nach Köln-Marienburg. Sie hielten vor einer Villa in der Mehlehmer Straße 22. Die Beamten handelten im Auftrag der Staatsanwaltschaft Bochum. Sie verhafteten den 64-jährigen Klaus Zumwinkel, den Vorstandsvorsitzenden der Deutschen Post. Fünf Stunden lang durchsuchten sie seine Privaträume und beschlagnahmten zahlreiche Akten. Zeitgleich kehrten mehrere Steuerfahnder im Büro des Managers in der Konzernzentrale im Bonner Post Tower das Unterste zuoberst. Der Tatvorwurf lautete auf Steuerhinterziehung in Millionenhöhe. Es ging um geheime Geldanlagen bei der LGT-Bank in Liechtenstein.

Gleich mit Beginn der Razzia war ein ZDF-Kamerateam vor Ort. Kurz darauf wurden im Fernsehen die ersten Bilder von der Festnahme des Postchefs gezeigt. Das hatte zur Folge, dass die Polizei schließlich die komplette Straße sperren musste, weil immer neue Massen von Reportern an den Ort des Geschehens eilten.

Während seiner Vernehmung zeigte sich Klaus Zumwinkel nach anfänglichem Leugnen sehr bald kooperativ und verpflichtete sich darüber hinaus zur Zahlung einer Sicherheitsleistung in Millionenhöhe. Der Haftbefehl wurde deshalb außer Vollzug gesetzt. Klaus Zumwinkel durfte das Gebäude als freier Mann verlassen. Zunächst jedenfalls. Ihn erwartet ein Gerichtsverfahren, sofern sich die Staatsanwaltschaft nicht noch auf einen Handel einlässt.

Am 15. Februar bot Klaus Zumwinkel seinen Rücktritt als Vorstandsvorsitzender der Deutschen Post an. Am 18. Februar bestellte der Aufsichtsrat der Deutschen Post den 46-jährigen Frank Appel zu seinem Nachfolger. In den folgenden Wochen trat Klaus Zumwinkel auch von seinen Funktionen bei der Deutschen Telekom und der Postbank sowie von diversen anderen Aufsichtsräten zurück. Lediglich seinen Führungsposten bei Arcandor (früher Karstadt-Quelle) wollte er nicht aufgeben.

Der Hintergrund

Klaus Zumwinkel wurde der Steuerhinterziehung in Höhe von mehreren Millionen Euro verdächtigt. Er soll in einer Stiftung bei der Liechtensteiner LGT Treuhand Geld angelegt und dafür keine Steuern gezahlt haben. Doch er wäre nicht der einzige Steuerbetrüger gewesen. Während der ersten Ermittlungswelle im Februar 2008 fanden Durchsuchungen bei rund 150 weiteren Beschuldigten in München, Hamburg, Stuttgart und Frankfurt statt – allerdings ohne das Beisein von Kamerateams. Der Staatsanwaltschaft lagen darüber hinaus noch Dossiers zu Hunderten anderer Personen vor.

Die ersten Anklagen wurden im Sommer 2008 erhoben. Am 18. Juli 2008 fand vor dem Landgericht Bochum das Auftaktverfahren gegen den 66-jährigen Elmar S. statt. Der ehemalige Immobilienhändler gestand, elf Millionen Euro nach Liechtenstein geschafft zu haben. Mit diesem Betrag lag er im Vergleich zu den Summen, die von den rund 700 anderen enttarnten Steuersündern angelegt worden waren, im guten Mittelfeld.

Eine unmittelbar spürbare Folge der spektakulären Festnahme von Klaus Zumwinkel war, dass Hunderte anderer Anleger, die ein Teil ihres Vermögens an dem deutschen Fiskus vorbei in Liechtensteiner Stiftungen gebunkert hatten, kalte Füße bekamen. Sie meldeten sich bei den Finanzämtern und griffen zum Mittel der Selbstanzeige. Sie taten dies nicht, weil sie plötzlich ihr schlechtes Gewissen plagte, sondern einzig und allein, um der drohenden Strafverfolgung zu entkommen.

Im deutschen Steuerrecht ist nämlich vieles möglich, was fernab von allen bekannten rechtsstaatlichen Grundsätzen liegt: Beispielsweise bekommen geständige Steuersünder den Bonus der Straffreiheit zugestanden, der so im übrigen Strafrecht völlig undenkbar wäre. Dies gilt allerdings nur dann, sofern sich die Steuerhinterzieher freiwillig offenbaren, also noch bevor ein Verfahren gegen sie offiziell eröffnet wurde.

Auch die anonyme Denunziation ist nicht nur zulässig, sondern sie wird sogar gewünscht und gefördert. Einige Finanzämter haben dafür spezielle Internetportale eingerichtet, auf denen Informelle Mitarbeiter unerkannt ihrem ehrenamtlichen Hobby frönen können. Äußerste Diskretion wird zugesichert, solange das Anschmieren und Verpetzen nur einem guten Zweck dient. In schwierigen Fällen (und die Sache Zumwinkel war ein solcher Fall) schreckten die Behörden noch nicht einmal davor zurück, von skrupellosen Zuträgern Beweismaterial anzukaufen, von dem bekannt war, dass es gestohlen oder auf eine andere kriminelle Weise beschafft wurde.

Die Aktion Paukenschlag im Falle Zumwinkel bildete ein Fanal in mehrfacher Hinsicht. Sie diente vornehmlich dazu, viele andere Freunde des lieben Geldes ins Bockshorn zu jagen. Kaum war die Nachricht von der Festnahme des Postchefs publik geworden, purzelten die Geständnisse nur so. Das ersparte den Ermittlungsbehörden viel Zeit und unnützen Aufwand. Die anderen Botschaften, die übermittelt wurden, waren weniger auffällig. Auf sie soll später noch näher eingegangen werden.

Klaus-Gerhard Maximilian Zumwinkel

Der Informant

Die Wurzeln der Aktion Paukenschlag waren einige Jahre zuvor an anderer Stelle gesetzt worden. Im April 2001 beauftragte die Liechtensteiner LGT Treuhand, ein Tochterunternehmen der LGT Group, den EDV-Spezialisten Heinrich Kieber damit, die dickleibigen Ordner im Archiv des Finanzinstituts Blatt für Blatt einzuscannen und zu digitalisieren. Heinrich Kieber war als externer Mitarbeiter eines IT-Unternehmens für diesen Job wärmstens empfohlen worden. Er galt als kompetenter Fachmann, der auch schwierige Probleme lösen konnte. Die Fürsprache reichte aus, ihn ohne gründlichen Sicherheits-Check einzustellen und lediglich routinemäßig überprüfen zu lassen. In seinem Strafregister fand sich (noch) kein Eintrag. Alles schien in bester Ordnung zu sein.

Diese laxe Herangehensweise sollte sich als schwerer Fehler herausstellen. Die bürgerliche Existenz des damals 36-jährigen war nur Fassade. Der große und schlanke Brillenträger mit dem Spitznamen Henry wohnte in der Gemeinde Balzers. In dem ländlichen Liechtensteiner Ort mit seinen rund 4.500 Einwohnern kannte jeder jeden. Kieber erschien als ein ganz gewöhnlicher Biedermann, der lediglich ab und an auf längeren Reisen weilte. Tatsächlich ging er mit großem Eifer zwielichtigen Geschäften nach, von denen einige platzten. Als Folge davon wurde nach ihm mit einem internationalen Haftbefehl gesucht. Das Fahndungsdokument war in Spanien ausgestellt worden. 1996 hatte Henry dort in den Küstenregionen einen betrügerischen Immobilienhandel betrieben, ungedeckte Schecks ausgestellt und seine Kunden um über 600.000 Schweizer Franken betrogen.

Bei der LGT Treuhand gab es lange Zeit keinen Grund zur Klage. Heinrich Kieber erledigte seine Arbeit rasch, sauber und ordentlich. Wenn es darauf ankam, schreckte er selbst vor unbezahlten Überstunden nicht zurück. Dann allerdings tat er etwas, was in sicherheitsrelevanten Bereichen nur möglich ist, wenn der Kontrolleur sich selbst zu kontrollieren hat: Er kopierte weit über 4.000 hochbrisante Datensätze, die rund 1.400 Kunden betrafen, und schmuggelte sie nach draußen. Im November 2002 war die Arbeit getan. Kiebers Mitarbeitervertrag mit der LGT endete.

Andere Leute an seiner Stelle hätten einen Teil des sauer verdienten Geldes genommen, um ausgiebig Urlaub zu machen. Henry hatte keine Möglichkeit dazu. Der Boden wurde allmählich heiß unter seinen Füßen. Wenn er keine gesiebte Luft atmen wollte, musste er etwas unternehmen. Die Liechtensteiner Staatsanwaltschaft hatte aufgrund der betrügerischen Immobiliengeschäfte in Spanien Anklage gegen ihn erhoben. Irgendwann würde ein Dorfpolizist losradeln und ihn verhaften. Auf legalem Weg konnte Kieber das Land nicht verlassen. Die Gefahr, beim Grenzübertritt entdeckt und verhaftet zu werden, war zu groß. Aber er hatte auch keine Lust, bei Nacht und Nebel über die Berge zu klettern.

Er dachte nach und hatte schließlich eine viel bessere Idee. Er nahm Kontakt zum Vorstand der LGT Group auf, berichtete von dem brisanten Archivmaterial, welches er besaß und bot einen Handel an: Er würde alles zurückgeben und keiner Menschenseele etwas von dem Sicherheitsleck verraten. Seine Forderungen waren bescheiden. Er verlangte lediglich einen sauberen Pass und Unterstützung bei der Lösung seiner juristischen Probleme. Anderenfalls allerdings würde er die Kundendaten der ausländischen Presse zuspielen.

Der Vorstand erkannte sofort den strategischen Vorteil, in dem sich die LGT Group befand, und unterbreitete dem Datendieb ein Angebot, das dieser nicht ablehnen konnte.

Heinrich Kieber tat, wie ihm geheißen. Er gab die Disketten zurück, stellte sich den Justizbehörden und legte ein volles Geständnis ab.

Im Prozess gab sich Heinrich Kieber reuig und zerknirscht. Im Gegenzug schnürte ein milde gestimmtes Gericht ein großes Paket für ihn, das sowohl den Datendiebstahl als auch die Straftaten in Spanien umfasste. Im Januar 2004 wurde Henry vom Liechtensteiner Obergericht wegen schweren Betrugs, Nötigung sowie Urkundenunterdrückung zu einer Gesamtfreiheitsstrafe von einem Jahr auf Bewährung verurteilt. Vom Vorwurf, ein Verbrechen durch das Auskundschaften von Geschäfts- und Betriebsgeheimnissen begangen zu haben, wurde er freigesprochen. Er konnte die Richter davon überzeugen, dass er beim Diebstahl der Kundendaten noch nicht den Vorsatz gehabt hatte, sie später zu unlauteren Zwecken zu verwenden. (Es ist schade, dass diese Entscheidung nicht als Präzedenzfall für Strafsachen in Deutschland herangezogen werden kann. Jeder Kaufhausdieb könnte sich sonst darauf berufen: »Jawohl, Euer Ehren, ich habe die Hose zwar gestohlen, aber ich bin unschuldig, denn ich wollte sie keinesfalls für unlautere Zwecke benutzen.«)

Von der Ausfertigung des Urteils erhielten die Madrider Justizbehörden eine Abschrift. Sie zogen daraufhin im Oktober 2004 den internationalen Haftbefehl gegen den betrügerischen Immobilienhändler zurück und stellten im November 2005 die Strafverfolgung in Spanien dauerhaft ein. Friede, Freude, Eierkuchen. Die LGT Treuhand AG betrachtete den Fall als abgeschlossen. Heinrich Kieber war ein freier Mann mit günstiger Sozialprognose. Er konnte tun und lassen, was ihm gefiel.

Zunächst wartete er eine Schamfrist ab. Dann wurde er wieder aktiv. Als pflichtbewusster EDV-Fachmann hatte er natürlich Sicherheitskopien von den gestohlenen Datensätzen gezogen. Aber er wollte nicht wieder bei der LGT Group anklopfen. Er konnte nicht einschätzen, wie viel Humor die Manager dort besaßen. Deshalb wandte er sich auf konspirativen Wegen an Geheimdienste in Großbritannien, Kanada, Australien, Frankreich und der BRD. Er bot ihnen vertrauliche Informationen über Staatsbürger aus den jeweiligen Ländern an.

Der Bundesnachrichtendienst zeigte als erster Interesse. Der Handel wurde am 12. Juni 2007 geschlossen. Kieber übergab dem BND DVDs mit 4.527 Datensätzen. Sie endeten im Jahr 2002 und bezogen sich auf 1.400 Stiftungen sowie Institutionen, an denen deutsche Investoren beteiligt waren. Kieber wollte pro Datensatz zunächst 2.000 Euro haben, ließ sich dann aber auf etwas über 1.000 Euro herunterhandeln.

Im Endeffekt erhielt er fünf Millionen Euro Diebeslohn. Natürlich nicht steuerfrei, das wäre gegen Recht und Gesetz gewesen. Heinrich Kieber zog den steuerfreien Grundfreibetrag in Höhe von 7.664 Euro ab und machte – da er nach dem geglückten Deal nicht in seine Liechtensteiner Heimat zurückkehren konnte, sondern ins Ausland flüchten musste – außergewöhnliche Belastungen, Vorsorgeaufwendungen sowie Sonderausgaben geltend. Am Ende hatte er summa summarum 800.000 Euro an Steuern zu zahlen. Als zusätzliche Vergünstigung erhielt er eine neue Identität vermittelt sowie einen gültigen Reisepass zugesteckt. Heinrich Kieber packte die ihm verbliebenen 4,2 Millionen Euro in eine Sporttasche und nahm das nächste Flugzeug nach Australien, dem Land seiner Träume. Auf dem kleinsten Kontinent wollte er seinen Ruhestand genießen und ein ehrliches Leben führen. Dies sollte ihm allerdings nur für kurze Zeit gelingen, wie noch zu berichten sein wird.

Offene Fragen

Nach dem Bekanntwerden der Festnahme von Klaus Zumwinkel und dem Grund dafür brach ein Sturm der Entrüstung los, der nahezu sämtliche Bevölkerungsschichten umfasste. Auch die Politiker wurden nicht müde, öffentlich ihre Entrüstung zu äußern, obwohl

a) keine der großen Parteien eine reine Weste besaß. Für die CDU hatte der ehemalige Bundesinnenminister Manfred Kanther Schwarzgelder in die Schweiz und nach Liechtenstein geschleust. Die Kölner Spendenaffäre der SPD lag erst wenige Jahre zurück, und der ehemalige FDP-Bundeswirtschaftsminister Otto Graf Lambsdorff war wegen Steuerhinterziehung verurteilt worden;

b) es seit Jahren bekannt war, dass Steuerflüchtlinge ihr Geld nach Liechtenstein schafften;

c) die Bundesregierung bislang nichts unternommen hatte, die dringend notwendige Reform des Steuerrechts in Angriff zu nehmen. Das deutsche Steuerrecht war derartig kompliziert, dass es wohl keinen einzigen Experten gab, der sämtliche Regeln in ihrer Gesamtheit beherrschte. (Deshalb behaupteten später mehrere Anwälte nassforsch, ihre Mandanten hätten keinesfalls vorsätzlich, sondern lediglich in Unkenntnis gehandelt, als sie ihr Geld in Liechtenstein anlegten.)

Nachdem die Empörung etwas abgeklungen war, begann eine zweite Phase. Es wurden Spottlieder über Zumwinkel gedichtet und satirische Videos über die Deutsche Post gedreht. Spaßvögel verschickten an Freunde und Bekannte per E-Mail selbstgebastelte, aber täuschend echt wirkende Formulare für sogenannte Steuerhinterziehungserklärungen. Dann nahm das öffentliche Interesse langsam ab, bis es im Juli 2008 wieder aufflammte, als mit Elmar S. der erste

Täter aus der großen Schar der Steuerhinterzieher strafrechtlich zur Verantwortung gezogen wurde.

Ganz offensichtlich handelte es sich bei der Affäre Zumwinkel und der Aktion Paukenschlag um eine Art von Rüben-Geschichte. Die üppig wuchernden Blätter sah man zwar, aber die eigentlich wertvolle Frucht blieb unter der Erde verborgen. Im Hinblick auf die längst überfällige Rübenernte ergeben sich einige interessante Fragen:

1.) Weshalb hat die Staatsanwaltschaft von der Übergabe der Datensätze am 12. Juni 2007 über ein halbes Jahr gewartet, ehe sie am 14. Februar 2008 handelte? (Andere Quellen sprechen davon, dass der Austausch bereits im Jahr 2006 stattgefunden haben soll.)

2. Weshalb wurde die Staatsanwaltschaft ausgerechnet am 14. Februar 2008 aktiv, und nicht schon im Januar? Könnte dies vielleicht etwas mit den Landtagswahlen in Niedersachen und Hessen zu tun gehabt haben, die beide am 27. Januar 2008 stattfanden, und nicht negativ beeinflusst werden sollten?

3.) Wer hatte das ZDF von der Razzia informiert?

4.) Weshalb wurde mit Klaus Zumwinkel einer der mächtigsten Manager Deutschlands, der noch im Jahr 2001 das Große Bundesverdienstkreuz erhalten hatte, auf solch spektakuläre Weise verhaftet?

5.) Warum suchte sich die Staatsanwaltschaft aus ihrer langen Liste nicht einen anderen, weniger bekannten und nicht so sehr im Licht der Öffentlichkeit stehenden Steuerbetrüger aus?

6.) Die gesetzliche Unschuldsvermutung (und damit der Schutz der Identität der Verdächtigen) gilt solange, bis ein Urteil ergangen ist. Wer also hat zu verantworten, dass die Persönlichkeitsrechte von Klaus Zumwinkel derartig massiv verletzt wurden?

7.) Ist es zulässig, gestohlene Unterlagen in einem rechtsstaatlichen Verfahren zu verwenden?

Über das zuletzt genannte Problem der Verwertbarkeit illegal erlangter Informationen werden die Rechtswissenschaftler nach dem Prinzip »zwei Anwälte, drei Meinungen« ausgiebig diskutieren, um dann sicherlich zu ähnlich merkwürdigen Ergebnissen wie beim Folterverbot zu kommen: Die Folter im Inland ist unzulässig, nicht aber die Verwertung von Aussagen, die im Ausland unter der Folter erpresst wurden. Analog dazu dürften gestohlene Unterlagen verwendet werden, wenn sie die Behörde weder selbst entwendet, noch den Auftrag dazu erteilt hat.

Bei dem ersten Prozess gegen Elmar S. am 18. Juli 2008 vor dem Landgericht Bochum stellte sich die Frage nach der Verwertbarkeit der Kieber-Daten noch nicht, weil der Angeklagte in vollem Umfang geständig war und die Daten-DVDs von der Staatsanwaltschaft nicht als Beweismittel präsentiert werden mussten. Darüber hinaus war nebulös von anderen relevanten Beweisen die Rede.

Zu den übrigen Fragen existieren etliche Hypothesen, die teilweise recht plausibel klingen und von denen einige im Folgenden erwähnt werden sollen.

Wie in den meisten Fällen gibt es mehrere Gründe für das, was geschehen ist: Weshalb ausgerechnet Klaus Zumwinkel die Rechnung präsentiert wurde, und weshalb er seine Schulden mit Zins und Zinseszins zurückzahlen muss.

Berlin/Malmö im August 2009 — Wolf von Angern

1. Kapitel

Die Generalprobe

»Fürst Hans-Adam II.: ›Man kann beobachten, wie sich eine gesunde Panik ausbreitet. Das hätte schon früher geschehen müssen. Ich denke mal, es wird künftig deutlich weniger zwielichtige Kunden nach Liechtenstein ziehen.‹«

Der Spiegel, 21/2000

Die Nachricht von der Festnahme Klaus Zumwinkels schlug in der Öffentlichkeit ein wie eine Bombe. Sie stand nämlich im krassen Gegensatz zu den Erfahrungen, die die Bundesbürger im Zusammenhang mit den anderen großen Managerskandalen der letzten Jahre machen mussten. In der Affäre um den Mannesmann-Konzern war es beispielsweise um mehrstellige Millionenbeträge gegangen: Um 58.000.000,00 DM oder 29.650.000,00 Euro, um es ganz genau zu sagen. Josef Ackermann, Vorsitzender des Vorstands der Deutschen Bank; Klaus Esser, der ehemalige Vorstandsvorsitzende der Mannesmann AG und Klaus Zwickel, der frühere IG-Metall-Vorsitzende, standen im Verdacht, den Mannesmann-Konzern um rund 58 Millionen DM geschädigt zu haben. Das soll bei der Übernahme durch Vodafone der Fall gewesen sein.

58 Millionen DM sind ein hübsches Sümmchen. Die wenigsten Menschen haben schon einmal soviel Geld auf einem Haufen liegen gesehen. Das Fehlen eines solchen Betrages müsste eigentlich unangenehm auffallen. Im Jahr 2004 kamen Josef Ackermann, Klaus Esser und Klaus Zwickel vor Gericht. Es war wie der Sturm im Wasserglas. Alle drei Angeklagten wurden vom Landgericht Düsseldorf in erster Instanz freigesprochen.

Prof. Dr. Dr. Herbert Batliner

Die allgemeine Empörung war sehr groß. »Klassenjustiz« titelte der Stern im April 2004. Die Staatsanwaltschaft legte Revision ein. Der Bundesgerichtshof (BGH) prüfte den Sachverhalt und hob das Urteil wegen schwerwiegender Rechtsfehler auf. Das Verfahren wurde zur erneuten Verhandlung zurückverwiesen. Der Prozess musste komplett neu aufgerollt werden.

Für alle Beteiligten war es nach dem BGH-Verdikt völlig klar, dass die Sache diesmal mit einer Verurteilung enden musste. Es ging gar nicht anders. Darüber wachten schon die obersten Richter.

Aber die cleveren Verteidiger von Josef Ackermann, Klaus Esser und Klaus Zwickel fanden einen Ausweg aus der misslichen Lage. Bei den Richtern am Landgericht Düsseldorf stießen sie mit einem Vorschlag zur raschen Verfahrensbeendigung auf offene Ohren, denn die Juristen dort verspürten wenig Freude daran, auf Druck der höheren Instanz einen Fehler korrigieren zu müssen.

Die Lösung des Problems bestand in einem einfachen, aber völlig legalen juristischen Trick (der allerdings nur angewendet werden kann, wenn alle Beteiligte – also Richter, Staatsanwaltschaft und Angeklagter – damit einverstanden sind): Im November 2006 stellte das Landgericht Düsseldorf das Verfahren gegen Zahlung einer Geldauflage in Höhe von insgesamt 5,8 Millionen Euro ein. Das waren zehn Prozent vom verursachten Schaden. Josef Ackermann, Klaus Esser und Klaus Zwickel kamen mit einem blauen Auge davon. Sie galten als nicht vorbestraft und durften das Gerichtsgebäude als freie Männer verlassen.

Der Vorsitzende des Vorstands der Deutschen Bank, der zu Prozessbeginn siegesgewiss mit dem Victory-Zeichen vor die Kameras getreten war, kommentierte das Ergebnis mit den Worten: »Deutschland ist das einzige Land, wo diejenigen, die erfolgreich sind und Werte schaffen, deswegen vor Gericht stehen.« [1]

Versuche von anderen Rechtsbrechern, sich den Ablass ebenfalls für ein Zehntel der Schadenssumme zu erkaufen, schlugen in der Regel fehl (obwohl Ende November 2006 sehr viele deutsche Gerichte in Strafprozessen bemerkenswert milde Urteile fällten). Friedhelm B. z. B., ein 48jährige Bauhelfer aus Berlin, hatte nach einem Kneipenbesuch ein altes Fahrrad im Wert von 250 Euro entwendet, um damit nach Hause zu fahren. Er wurde erwischt. Bei Friedhelm B. blieb es nicht bei einer Geldauflage von zehn Prozent, also in Höhe von 25 Euro. Den Drahtesel musste er zurückgeben, was nur recht und billig war. Darüber hinaus wurde er wegen Diebstahls im fahrlässigen Vollrausch zu einer Geldstrafe von 500 Euro verurteilt, also in Höhe von 200 Prozent des Wertes der entwendeten Sache. Trotzdem hielt der Bauhelfer das Urteil für angemessen.

Bei den Herrn Ackermann und Co. allerdings wären 200 Prozent vom Wert des angerichteten Schadens 116.000.000,00 DM gewesen. Das Sprichwort: »Die Kleinen hängt man, und die Großen lässt man laufen!« hatte also im Zusammenhang mit straffällig gewordenen Managern und Industriebossen eine neue Bedeutung gewonnen.

Fürstlicher Kommerzienrat

Doch so verblüffend neu und einzigartig war der Fall Klaus Zumwinkel gar nicht gewesen. Die Generalprobe hatte bereits neun Jahre früher stattgefunden. Sie war nach demselben Muster abgelaufen. Es gab allerdings einen gewaltigen Unterschied: Damals war sie von den Augen der Öffentlichkeit so gut wie unbemerkt geblieben.

Ein geheimer Informant aus Liechtenstein hatte im Jahr

1997 der Bochumer Staatsanwaltschaft eine Daten-CD geschickt. Sie enthielt auf 150.000 Manuskriptseiten detaillierte Informationen über diverse Stiftungen im Fürstentum, in denen vermögende Ausländer ihr Geld angelegt hatten. Die Informationen waren nicht mehr ganz taufrisch gewesen, denn sie befanden sich auf dem Stand vom September 1993. Auch wenn die Daten also schon vier Jahre alt waren, weckten sie trotzdem das Interesse der Ermittler. Die Liechtensteiner Stiftungen eigneten sich nämlich wegen des hohen Gründungsaufwands nicht für das schnelle Geschäft. Sie waren meist auf Dauer angelegt. Die übergroße Zahl der Stiftungen würde also auch vier Jahre nach dem Stichtag noch Bestand haben.

Alle Daten auf der CD stammten aus einer einzigen Quelle, nämlich aus dem Büro des Liechtensteiner Advokaten Prof. Dr. Dr. Herbert Batliner.

Dort waren sie von zwei Mitarbeitern gestohlen worden. Bei dem im Jahr 1928 geborenen Anwalt handelte es sich um eine honorige und hoch angesehene Persönlichkeit, der außer seinen Doktorentiteln noch eine ganze Reihe außergewöhnlicher Ehrenbezeichnungen führte: Fürstlicher Kommerzienrat, ehemaliger Präsident des Liechtensteiner Staatsgerichtshofs, Präsident der Verwaltungsbeschwerdeinstanz a. D., Senator h. c. der Leopold-Franzens-Universität Innsbruck sowie der Universität Salzburg. In seiner Tätigkeit als Rechtsanwalt war Prof. Dr. Dr. Herbert Batliner auf das Liechtensteiner Stiftungsrecht spezialisiert. Seine Vaduzer Kanzlei befasste sich fast ausschließlich mit Anlageberatungen, und er selbst fungierte vorzugsweise als Treuhänder bei Stiftungen.

Trotzdem gab es einige Flecken auf seinem blankpolierten Schild der Ehre. Der ehemalige Präsident des Liechtensteiner Staatsgerichtshofs war bereits mehrfach mit zwielichtigen Geschäften in Zusammenhang gebracht worden. Unter anderem 1992, als der ecuadorianische Drogenboss Jorge Hugo Reyes Torres verhaftet wurde. Prof. Dr. Dr. Herbert Batliner hatte für ihn seit 1989 über 17 Millionen US-Dollar in mehreren Stiftungen angelegt.

Nachdem sich diese fruchtbare Geschäftsbeziehung nicht länger verheimlichen ließ, berief sich der hoch angesehene Jurist darauf, dass ihm nicht bekannt gewesen sei, woher das Kapital stammte. Das klang durchaus glaubwürdig. Kein Mensch konnte ernsthaft der Meinung sein, dass ein Drogenbaron vom Kaliber Jorge Hugo Reyes Torres einem Liechtensteiner Advokaten erläutert hätte, wie viele Millionen aus dem Kokain-Geschäft stammten und wie viel Geld aus dem Sparstrumpf seiner lieben Großmutter, Gott habe sie selig.

Später, bei der Auflösung der Torres Stiftungen, wirkte der Professor als Liquidator. Die Sache war ihm eine heilsame Lehre. Batliner verkündete in einem Zeitungsinterview, dass er niemals einen Mandanten empfangen würde, der mit einem Geldkoffer angereist käme. Er würde nur auf Empfehlung angesehener Banken tätig werden, auf deren sauberen Konten die von ihm zu verwaltenden Gelder lagerten.

Auch im Zusammenhang mit der CDU-Spendenaffäre, bei der die Liechtensteiner Stiftung Norfolk verwendet worden war, spielte der Name von Prof. Dr. Dr. Herbert Batliner eine Rolle. Damals hatte er sich darauf berufen, dass er mit den beiden Stiftungsgründern persönlich verhandelt habe. Er hätte deshalb weder wissen, noch ahnen können, wer ihre Hintermänner und damit die eigentlichen Auftraggeber gewesen seien. Auch das klang glaubhaft. Ebenso handelte es sich bei dem Umstand, dass der damalige Bundeskanzler Helmut Kohl zu seinen persönlichen Freunden zählte, um einen reinen Zufall.

Das Stiftungsrecht in Deutschland

Im Zusammenhang mit der Kapitalflucht vermögender Deutscher in das kleine Fürstentum taucht natürlich die Frage auf, weshalb das Liechtensteiner Stiftungsrecht so interessant für professionelle Steuervermeider ist. Schließlich gibt es auch in Deutschland Stiftungen und das schon seit Langem, nämlich seit dem Mittelalter.

Noch heute bestehen in der BRD über 250 Stiftungen, die älter als 500 Jahre sind, darunter die Stiftung Bürgerspital zum Hl. Geist in Würzburg (gegründet 1316). Zu den bekanntesten deutschen Stiftungen zählen die Fuggerei in Augsburg (gegründet 1516), die Franckeschen Stiftungen in Halle (gegründet 1698) und die Carl-Zeiss-Stiftung (gegründet 1889).

Doch Stiftung ist nicht gleich Stiftung. Es gibt mehrere Arten davon. Die häufigste nennt sich Stiftung des bürgerlichen Rechts. Sie wird meistens zu gemeinnützigen, mildtätigen oder kirchlichen Zwecken errichtet. Das Prinzip ist immer gleich: Bei der Gründung stattet der Stifter die Stiftung mit dem Stiftungskapital aus. Dieses Vermögen darf nicht verbraucht werden. Weil dieser Grundstock immer erhalten bleiben muss, kann der Zweck der Stiftung nur aus den Erträgen des eingebrachten Kapitals verwirklicht werden. Dieser Zweck ergibt sich aus dem schriftlich niedergelegten Willen des Stiftungsgründers. Sobald die Stiftung errichtet wurde, bleibt ihr Zweck unabänderlich bestehen. Er kann später noch nicht einmal mehr von dem Gründer selbst verändert werden. Dies gilt für die gesamte Dauer des Bestehens der Stiftung.

Wenn die Gründungsformalitäten erledigt sind, prüft das Finanzamt, ob die Stiftung als gemeinnützig anerkannt werden kann. Dabei gelten ähnliche Kriterien wie bei Vereinen.

Wenn die Frage nach der Gemeinnützigkeit im Sinne der Abgabenordnung bejaht wurde, wird die Stiftung davon befreit, Steuern zahlen zu müssen.

Dies gilt allerdings nicht für die sogenannten Familienstiftungen. Das sind Stiftungen, bei denen der Sinn darin besteht, ganz gezielt einzelne Mitglieder einer Familie über einen längeren Zeitraum zu fördern, also beispielsweise einen Medizinstudenten bei seiner langwierigen Ausbildung finanziell zu unterstützen. In einem solchen Falle wird das Vorliegen der Gemeinnützigkeit verneint. Familienstiftungen werden generell mit der sogenannten Erbersatzsteuer belegt, die alle dreißig Jahre fällig wird.

Eine Stiftung nach Deutschem Recht eignet sich also nicht als Steuersparmodell. Darüber hinaus ist das Stiftungsvermögen für den Gründer verloren. Sobald er sein Kapital an die Stiftung übertragen hat, kann er es sich nicht wieder zurückholen.

Das Stiftungsrecht in Liechtenstein

In Liechtenstein ist alles anders. Selbst das allgemeine Steuerrecht ist anders aufgebaut. Die Liechtensteiner gehen offenbar mit der Zeit und passen ihre überschaubaren Steuerregelungen immer wieder an die neuen Gegebenheiten an. Der Regierungschef Liechtensteins, Otmar Hasler, stellte am 12. März im Rahmen der jährlichen Steuerfachtagung in Vaduz Eckpunkte für die bereits im Jahr 2006 beschlossene Revision des liechtensteinischen Steuergesetzes wie folgt vor: »Ziel ist eine möglichst transparente und einfache Besteuerung der Bürgerinnen und Bürger. Das auf Märkten erzielte Einkommen soll dabei über den Lebenszyklus möglichst nur einmal belastet und natürliche und juristische Personen möglichst gleich behandelt werden.« Aufbauend auf dem bestehenden Steuerrecht soll das liechtensteinische Steuersystem entsprechend den modernsten Erkenntnissen der internationalen Steuerwissenschaften an die veränderten wirtschaftlichen sowie rechtlichen Rahmenbedingungen im In- und Ausland angepasst werden. Dabei wird neben der Wettbewerbs- und Leistungsfähigkeit besonders auf verfassungsrechtliche und europarechtliche Konformität geachtet werden.

Die Steuerpolitik und damit das Steuerklima seien – so der Regierungschef – mehr denn je aktuelle politische Themen in einem Europa, dessen Staatsgrenzen für Güter und Dienstleistungen immer durchlässiger werden. »In den letzten Jahren und Monaten haben viele Länder innerhalb und ausserhalb Europas Steuerreformen durchgeführt und im Rahmen dieser Reformen ihre Steuersätze gesenkt. Dadurch hat sich in der Praxis gezeigt, wie wichtig eine umsichtige Steuerpolitik für den Wettbewerb der Wirtschaftsstandorte ist«, sagte Otmar Hasler.

Das liechtensteinische Stiftungsrecht unterscheidet sich fundamental von den deutschen Bestimmungen. Die Gemeinnützigkeit spielt keine Rolle. Der Stiftungsgründer kann selbst der Empfänger der Kapitalerträge sein, und die Stiftung lässt sich problemlos wieder auflösen.

Zunächst wird zwischen in- und ausländischen Stiftungen unterschieden. Die Stiftung eines Ausländers im Fürstentum ist eine sogenannte Domizilgesellschaft. Das bedeutet, dass sich die Stiftung registrieren lassen muss. Sie braucht aber im Lande keine eigenen Geschäfte zu betreiben. Eine einfache Briefkastenadresse reicht als Domizil völlig aus, wenn die übrigen Formalitäten erfüllt sind. Dazu zählt, dass einer der im Fürstentum wohnenden 220 konzessionierten Treuhänder – Advokaten, Fürstlichen Kommerzienräte oder Fürstlichen Justizräte – die Funktion des Stiftungs- oder Verwaltungsrates zu übernehmen hat.

Ohne diesen Einheimischen geht es nicht. Er ist für den gesamten Ablauf verantwortlich und hat im Vaduzer Öffentlichkeitsregister die Errichtungsurkunde der eingetragenen Stiftung zu hinterlegen. Aus dem Register lassen sich der Zweck, das Gründungsdatum, die Höhe des Stiftungskapitals, die Namen der Zeichnungsberechtigten und die der Repräsentanten ersehen. Das Wichtigste aber fehlt: Die Identität der Stifter (und vor allem die der Nutznießer) wird nicht enthüllt. Ihre Daten stehen auf einem Beistatut, von dem allein der Treuhänder Kenntnis besitzt. Nur er weiß, wem das Geld letztendlich zu Gute kommt.

Das Mindestkapital beträgt 30.000 Franken (seit 1924 sind in Liechtenstein Schweizer Franken gesetzliches Zahlungsmittel). Die Gründungsgebühren liegen zwischen 3.000 und 8.000 Franken. Die Konten können problemlos in anderen Ländern, wie beispielsweise der Schweiz, geführt werden. Das erleichtert die Tarnung. In der Schweiz muss nämlich bei einer Kontoeröffnung nicht der Name einer natürlichen Person genannt werden. Die Angabe des Namens der Stiftung reicht völlig aus. Weder in der Schweiz noch in Liechtenstein kann deshalb kein Außenstehender herausfinden, wer sich tatsächlich hinter einer Stiftung verbirgt. Nur der Treuhänder ist eingeweiht. Nur er weiß, wem das Geld tatsächlich gehört. Für dieses Wissens kassiert er eine Jahresgebühr von rund 5.000 Franken.

Der Treuhänder ist niemandem gegenüber zur Auskunft verpflichtet, weder Gerichten noch Finanzbehörden. Auf diese Weise garantiert er absolute Diskretion. Jedenfalls solange niemand seine Daten stiehlt.

In Liechtenstein beträgt die auf einer Stiftung lastende Kapitalsteuer (und damit der gesamte Steuersatz) zunächst pauschal 1.000 Franken jährlich. Ab einem Anlagekapital von einer Million Franken sinkt sie auf 0,1 Prozent, ab zehn Millionen Franken auf 0,05 Prozent. Eine gesonderte Kapitalertragssteuer wird nicht erhoben – anders als in Deutschland, wo der Steuersatz 30 Prozent für Zinsen aus Kapitalanlagen (plus 5,5 Prozent Solidaritätszuschlag) beträgt. Aus diesem Grund ist es so interessant, große Vermögen, die regelmäßig hohe Kapitalerträge abwerfen, in Liechtenstein zu bunkern. Noch lukrativer wird dieses Anlagegeschäft bei Schwarzgeldern, die bereits unversteuert erwirtschaftet wurden. Die Zahl der Stiftungen wird insgesamt auf 75.000 geschätzt. Das Stiftungsvermögen dürfte alles in allem bei 200 Milliarden Schweizer Franken liegen.

Stiftungs-Treuhänder

Prof. Dr. Dr. Herbert Batliner gilt als der Erfinder der Liechtensteiner Familienstiftungen (die mit den Familienstiftungen in Deutschland nichts, außer den Namen gemein haben). Mit ihrer Hilfe können große Erbschaften am Finanzamt vorbei geschleust werden. Darüber hinaus haben sie noch einen weiteren entscheidenden Vorteil: Sie eignen sich dazu, das Erbrecht auszuhebeln. Unabhängig von etwaigen Pflichtteilsansprüchen können große Vermögensteile äußerst unauffällig und diskret auf die Geliebte oder den Lieblingsneffen übertragen werden.

Die Arbeit eines Stiftungs-Treuhänders ist eine der angenehmsten Arten, mit minimalem Aufwand viel Geld zu verdienen. Das eng begrenzte Rechtsgebiet ist überschaubar und der Geldfluss strömt stetig. Ein Rechtsanwalt, der auf diesem Gebiet tätig ist, muss weder Aktenberge wälzen, noch sich mit den Gerichten herumärgern, noch seinen Honoraren hinterherlaufen. Er geht nicht das geringste wirtschaftliche Risiko ein, denn er bewegt nur fremdes Kapital. Sobald ein Treuhänder eine gewisse Zahl an Stiftungen betreut, kann er sich beruhigt zurücklehnen, denn sein regelmäßiges Einkommen ist krisenfest gesichert.

Der hoch angesehene und ehrenwerte Prof. Dr. Dr. Herbert Batliner war deshalb sehr zufrieden mit der Welt. Nebenher betätigte er sich als Kunstsammler und als Mäzen. Dann traf ihn das Unglück aus einer Richtung, die er nie vermutet hätte: Er musste zerknirscht einräumen, dass ihm ehemalige Mitarbeiter streng vertrauliche Daten gestohlen und weitergegeben hatten. Der Advokat, der immer wieder beteuert hatte, dass er nur an das Gute im Menschen glaube und keine Ahnung vom ausländischen Steuerrecht haben würde, riet seinen deutschen Klienten zur Selbstanzeige.

400 Namen von Steuersündern

Dank der entwendeten und heimlich zugespielten Daten konnten vom Referat Wirtschaftsstrafsachen der Bochumer Staatsanwaltschaft 400 Namen von vermögenden deutschen Anlegern ermittelt werden. Darunter befanden sich ein Essener Verleger, ein Bankpräsident a. D., der Chef einer Detektivagentur, ein Düsseldorfer Großkaufmann aus der Modebranche, ein milliardenschwerer Erbe eines Industrievermögens sowie ein vermögender ehemaliger Sportreiter. Das Volumen insgesamt betrug 400 Millionen DM an Schwarzgeldern.

Viele dieser Geldanlagegeschäfte hatte eine Düsseldorfer Vermögensverwaltungsgesellschaft eingefädelt. Sie war es gewesen, die ihren Klienten die Unterschiede zwischen dem Stiftungsrecht in Deutschland und in Liechtenstein erläuterte, die Steuersparmodelle schmackhaft machte, die Vertragsklauseln entworfen hatte, die Kontakte zu dem Liechtensteiner Treuhänder geknüpft hatte und als bevollmächtigter Vertreter zur Unterzeichnung der Gründungsurkunde in das Fürstentum gereist war.

Die Bochumer Staatsanwaltschaft ermittelte auch gegen Prof. Dr. Dr. Herbert Batliner. Der Tatvorwurf lautete auf Beihilfe zur Steuerhinterziehung in Höhe von 250 Millionen Euro. Der Fürstliche Kommerzienrat ging in sich und tat Buße: Als Erstes schloss er seine Kanzlei. Dann spendete er 750.000 Euro für die originalgetreue Restaurierung der Orgel in der Alten Kapelle von Regensburg. Schließlich stiftete er die Orgel für die Sixtinische Kapelle im Vatikan (wofür er den ehrenvollen Titel Kammerherr seiner Heiligkeit verliehen bekam).

Die Gebete von Herbert Batliner wurden erhört. In Deutschland wird gegen ihn inzwischen keine Strafverfolgung mehr betrieben. Das liegt jedoch nicht daran, dass sich seine Unschuld erwiesen hätte. Als Grund wurde sein angegriffener Gesundheitszustand genannt.

Die Folgen

Wie im Fall Zumwinkel brauchte die Staatsanwaltschaft sehr lange Zeit, ehe sie die Daten ausgewertet hatte und endlich tätig wurde. Wie in seinem Fall gab es eine Verhaftung zum Auftakt: Im September 2000 wurde der damals 58-jährige Rainer Gossmann, Präsident des Deutschen Eishockey-Bundes (DEB), festgenommen. Der Vorwurf gegen den früheren Eishockey-Torwart und Spieler in der Nationalmannschaft von 1968 lautete auf Steuerhinterziehung in Höhe von 2.500.000,00 DM. Sein Schwiegervater, Inhaber einer florierenden Gebäudereinigungs-Firma, hatte 1989 in Liechtenstein die Badalona-Stiftung gegründet. Das Stiftungsvermögen wurde mit zehn Millionen DM angegeben. Rainer Gossmann war Erstbegünstigter an Kapital und Zinsen vom Depot N3. Gegen Zahlung einer Kaution in Höhe von fünf Millionen DM wurde er aus der Untersuchungshaft entlassen. Er legte ein umfassendes Geständnis ab und schloss einen Deal mit der Staatsanwaltschaft und dem Gericht ab. Das Strafverfahren vom 23. November 2002 gegen ihn vor dem Landgericht Bochum ging deshalb ungeheuer schnell über die Bühne und fand bereits nach einer Stunde sein Ende. Rainer Gossmann wurde wegen Steuerhinterziehung in 38 Fällen zu einer Geldstrafe in Höhe von 1.250.000 Euro sowie einer zweijährigen Haftstrafe auf Bewährung verurteilt. Die hinterzogenen Steuern hatte er bereits vorher bezahlt. Der ehemalige Eishockeyspieler nahm das Urteil dankend an und verzichtete auf alle Rechtsmittel.

Auch die übrigen Steuersünder kamen mit einem blauen Auge davon. Kein einziger von ihnen musste ins Gefängnis wandern. In allen Prozessen blieb es, wenn überhaupt, bei Bewährungsstrafen mit einem Strafrahmen von unter zwei Jahren. Die meisten Verfahren wurden sehr diskret hinter verschlossenen Türen verhandelt. Insgesamt mussten sich nur noch 119 der ursprünglich 400 Beschuldigten tatsächlich vor Gericht verantworten. Sie wurden zu Steuernachzahlungen in Höhe von 100 Millionen Euro und Geldstrafen in Höhe von insgesamt 80 Millionen Euro verurteilt.

In anderen Fällen war es prominenten Steuersündern nicht so gut ergangen. Bei Peter Graf z. B., dem Vater, Trainer und Manager der weltberühmten Tennisspielerin Stefanie Graf, hatten die Finanzbehörden Fragen zu 41 Millionen DM, die von ihm angeblich nicht versteuert worden waren. Peter Graf saß mehrere Monate lang in Untersuchungshaft. Der Tatverdacht lautete auf besonders schwere, gemeinschaftlich begangene Steuerhinterziehung in zwölf Fällen. Am 17. April 1996 erhob die Staatsanwaltschaft Anklage gegen ihn, ein Jahr später erging der Schuldspruch: Peter

Graf wurde zu einer Freiheitsstrafe von drei Jahren und neun Monaten verurteilt. Wegen guter Führung und unter Anrechnung der Untersuchungshaft durfte er im April 1998 die Strafvollzugsanstalt vorzeitig verlassen.

Auch dem Tennisstar Boris Becker wurde vorgeworfen, in seiner Steuererklärung bewusst falsche Angaben gemacht zu haben: So sei er zwischen 1991 offiziell in Monaco gemeldet gewesen, obwohl er parallel dazu eine Wohnung in München besessen hätte. Damit wäre er in Deutschland steuerpflichtig gewesen. Boris Becker wurde zu einer Bewährungsstrafe von zwei Jahren verurteilt. Darüber hinaus musste er drei Millionen DM an Steuern nachzahlen, eine Geldstrafe in Höhe von 300.000 DM entrichten und eine Geldbuße in Höhe von 200.000 DM leisten.

Über die Gründe, weshalb mit unterschiedlichem Maß gemessen wurde, wie der einfache Vergleich der Fälle Ackermann, Esser und Zwickel einerseits sowie Graf und Becker andererseits zeigt, braucht nicht lange spekuliert zu werden: Es genügte nicht, zu den Reichen und Berühmten zu gehören. Besser war es, reich und einflussreich zu sein.

2. Kapitel

Klaus Zumwinkel – Aufstieg zur Macht

»Der Untergebene hat das Muster verstanden. Er weiß, daß Zumwinkel nie einfach so Nein sagt; daß er – einem chinesischen Kaufmann ähnlich – immer das Gesicht des Gegenübers wahren will. Der Angestellte hat auch die zweite Lektion gelernt: Was Zumwinkel will, setzt er durch. Was er nicht will, hat keine Chance.«

Manager Magazin, 12/2003

Für Major Alfred Müller, Kommandeur der Sturmgeschütz-Brigade 191 an der Ostfront, war der 15. Dezember 1943 ein bedeutender Tag. Der bereits hochdekorierte Offizier erhielt eine weitere hohe Auszeichnung: Das Eichenlaub zum Ritterkreuz. Die Sturmgeschütz-Brigade 191 hatte sich unter der Führung des Majors beim Kampf um den Kuban-Brückenkopf hervorgetan und unter anderem 95 russische Panzer abgeschossen. Alfred Müller wurde befördert und überlebte das Kriegsende als Oberstleutnant. Kurz nach der Gründung der Bundeswehr trat er wieder in den aktiven Dienst ein. Unter der neuen Fahne stieg er bis zum Brigadegeneral auf. Am 22. Februar 1973 bekam er das Bundesverdienstkreuz I. Klasse verliehen. Zwei Jahre später wurde er ehrenvoll in den Ruhestand verabschiedet.

Auch für Klaus Zumwinkel stellte der 15. Dezember 1943 ein wichtiges Datum dar. An diesem Tag wurde er geboren, und zwar in Rheinberg, einem Städtchen am Niederrhein, im Nordwesten des Ruhrgebietes. Mit dem ehemaligen Wehrmachtsoffizier und Bundeswehrgeneral Alfred Müller verbindet ihn noch etwas anderes, als nur dieser eine bewusste Tag im Dezember: Beide bekamen hohe Orden verliehen. Im Jahr 2001 wurde Klaus Zumwinkel mit dem Großen Verdienstkreuz der Bundesrepublik Deutschland ausgezeichnet, 2007 erhielt er den Verdienstorden des Landes Nordrhein-Westfalen.

Kriegskinder

Aus wissenschaftlicher Sicht ist man heute in der Lage, feststellen zu können, dass das Langzeitgedächtnis bei Kleinkindern erst mit dem dritten Lebensjahr einsetzt. Alles, was davor liegt, verschwindet im Nebel. Das liegt daran, dass die Merkfähigkeit eng mit der Ausbildung der Sprache verbunden ist. Deshalb kann sich kein Erwachsener aus eigenem Erleben an seine früheste Kindheit oder an die Zeit als Säugling erinnern, geschweige denn an die Monate vor der Geburt. Doch die durchlebten Erfahrungen und Umwelteinflüsse bleiben trotzdem nicht folgenlos. Sie wirken auf das Unterbewusstsein und prägen auf diese Weise die gesamte Entwicklung. Babys zum Beispiel, die nach einer langen und schweren Geburt auf die Welt kommen, leiden im späteren Leben häufig unter Klaustrophobie oder haben Furcht vor Tunneln, ohne eine rationale Erklärung für diese Ängste zu haben.

Die Generation der Kriegs- und Nachkriegskinder musste unter ständigen Entbehrungen leiden. Ihre Erzeuger kämpften an der Front, waren gefallen oder befanden sich in Gefangenschaft. Die Versorgungslage war schlecht, das Geld wertlos und es fehlte am Allernotwendigsten. Die Kinder mussten jahrelang darben. Es herrschte Mangel an Geborgenheit, an väterlicher Zuwendung, an Nahrung und an Brennstoffen. Die ständige Rationierung von Lebensmitteln in den 40er und 50er Jahren hatte bei vielen Menschen zur Folge, dass sie kaum noch satt wurden. Sie litten ständig unter Hunger – selbst noch nach ausreichenden Mahlzeiten. Der Schalter bei ihnen im Gehirn, der für das Sättigungsgefühl verantwortlich war, blieb außer Funktion. Daran änderte sich auch nichts nach der Währungsreform, als es wieder alles zu kaufen gab. Eine Folge dieser Blockade ließ sich an den deutschen Badezimmerwaagen ablesen. Übergewicht wurde zur Volkskrankheit. In der Regel stellte es sich im mittleren Lebensalter ein. Der Spruch »Nichts kommt so gewiss, wie ein Bauch in den Dreißigern« wurde im Wirtschaftswunderland zu einem geflügelten Wort.

Klaus Zumwinkel, der in den schweren Kriegs- und Nachkriegszeiten aufwuchs, ist inzwischen 65 Jahre alt geworden und dabei schlank wie eine Gerte geblieben. Er hat harte Kämpfe ausgetragen, um den inneren Schweinehund zu besiegen. Nach wie vor geht er jeden Morgen eine Stunde lang joggen und ist Hobby-Bergsteiger mit Himalaja-Erfahrung. Doch nicht nur in dieser Hinsicht bewegt er sich außerhalb der Norm.

Schuljahre

Rheinberg, sein Geburts- und Heimatort, ist eine Kleinstadt mit jetzt knapp 33.000 Einwohnern. Dort ging Klaus Zumwinkel zur Grundschule und besuchte anschließend in Moers das Gymnasium Adolfinum, wo Fremdsprachen und der mathematisch-naturwissenschaftliche Bereich Schwerpunkte waren.

Klaus Zumwinkel wuchs in einer Gegend auf, in der jeder jeden kannte, und wo von den Kindern ganz selbstverständlich erwartet wurde, dass sie später einmal den ihnen von den Eltern zugewiesenen Platz im Leben einnahmen. Der Vater von Klaus Zumwinkel war ein Handelsmann, der sein Geschäft verstand und dem am Ende ein Warenhauskonzern mit zehn Kaufhäusern und rund 60 Discountern gehörte. Der Werdegang seiner beiden Söhne Hartwig und Klaus schien vorgezeichnet zu sein. Anfangs verlief auch alles nach Plan. Nach dem Abitur nahm Klaus Zumwinkel ein Studium der Betriebswirtschaftslehre an der Westfälischen Wilhelms-Universität in Münster auf. Er war ein fleißiger und disziplinierter Student, arbeitete konsequent den Lehrplan ab, ließ sich nur selten in den Wirtshäusern blicken und machte im Jahr 1969 seinen Abschluß. Nebenbei lernte er noch seine spätere Frau Antje kennen, die in Münster Pädagogik studierte.

Den ersten Konflikt gab es, nachdem Klaus Zumwinkel sein Diplom erhalten hatte. Anstatt, wie vom Vater gewünscht, sofort in die väterliche Firma einzutreten, ging er ins Ausland, in die USA – allerdings mit finanzieller Unterstützung seiner Eltern. An der Wharton School, der Business School der University of Pennsylvania in Philadelphia, nahm er ein weiterführendes Studium auf.

Die Wharton School war 1881 von dem Industriellen Joseph Wharton als erste universitäre Business School der USA gegründet worden. Ende der 60er, Anfang der 70er Jahre des vorigen Jahrhunderts galt sie als die beste amerikanische Wirtschaftsfakultät, und sie hat ihren guten Ruf bis in die Gegenwart behalten. Das Studienangebot unter dem Slogan »Lerne mehr, mach mehr, sei mehr« umfasste u. a. Rechnungs- und Finanzwesen, Risikomanagement, Unternehmensführung, Marketing und Transportwesen. Zu den bekanntesten Absolventen gehören Donald Trump, Immobilienhändler und Milliardär; Lewis E. Platt, Präsident von Hewlett-Packard und Aufsichtsrat von Boing; sowie der Großindustrielle Jon M. Huntsman. Letzterer bedachte die Schule mit solch großzügigen Spenden, dass nach ihm das Hauptgebäude benannt wurde. Bis zum heutigen Tag haben über 82.000 Studenten aus 148 Ländern die Schule besucht, von denen sich viele Ehemalige regelmäßig in 80 verschiedenen Klubs auf der ganzen Welt treffen. Der deutsche Wharton School Klub befindet sich in München.

McKinsey

Die späten 60er und frühen 70er Jahre des vorigen Jahrhunderts waren eine wilde Zeit, in Europa ebenso wie in Übersee. In den USA fand 1967 im Summer of Love der Höhepunkt der Hippie-Kultur und der Flower-Power-Bewegung statt. 1969 wurde mit dem Woodstock-Festival das bedeutendste Großkonzert aller Zeiten veranstaltet. Die Drogen LSD und Cannabis waren frei erhältlich. Sie wurden von vielen Jugendlichen völlig vorurteilsfrei konsumiert.

Die andere Seite der Medaille waren der Vietnam Krieg und die Morde an dem Bürgerrechtler Dr. Martin Luther King sowie an Senator Robert Kennedy. Das Land befand sich in Aufruhr. An allen amerikanischen Universitäten organisierten Studenten den zivilen Ungehorsam und forderten einen radikalen Umbruch der autoritären Gesellschaftsstrukturen. Woche für Woche fanden Einberufungen statt. 50.000 junge Männer flüchteten nach Kanada, um nicht in den Krieg ziehen zu müssen.

Klaus Zumwinkel ließ sich weder von Love and Peace, noch von der Protestbewegung irritieren. In den Vorlesungen erfuhr er, dass ein Mann drei Dinge braucht, um erfolgreich zu werden: Fleiß, Intelligenz und gute Verbindungen. An den amerikanischen Universitäten gab es seit dem 19. Jahrhundert studentische Gesellschaften, deren Mitglieder nach einem strengen Auswahlverfahren rekrutiert wurden. Die Anzahl der Neuaufnahmen pro Jahr war limitiert. Es gab keine Werbung. Es handelte sich um reine Elite-Organisitionen. Die bekanntesten waren die Skull &

Bones in Yale, der Porcellian Club in Harvard und die Owl Society an der University of Pennsylvania mit der Wharton School. Die Mitgliedschaft ging über die Studienzeit hinaus und währte bis zum Tod. Die wichtigsten Verpflichtungen bestanden darin, der Studentenverbindung für immer die Treue zu halten und sich gegenseitig zu unterstützen.

Klaus Zumwinkel lernte, perfekt englisch zu sprechen. Darüber hinaus nutzte er die Zeit, um auch außerhalb des Universitätsgeländes wertvolle Kontakte zu knüpfen. Er stieß auf eine Werbung der Unternehmensberatergruppe McKinsey & Company, in der es hieß: »Riskieren Sie, dass Ihr Vater stolz auf Sie ist.« Klaus Zumwinkel bewarb sich und wurde für ein Praktikum genommen. Der Zeitpunkt war äußerst günstig, denn zu Beginn der 70er Jahre des vorigen Jahrhunderts fand bei McKinsey & Company eine große Umstrukturierung statt, für die viele neue junge Leute gesucht wurden.

Klaus Zumwinkel war begabt und ehrgeizig. Er passte in das Konzept. Als Folge entstand eine feste und dauerhafte Verbindung: 1974 trat er als Berater im Düsseldorfer Büro von McKinsey & Company ein. 1979 wurde er zum Hauptaktionär sowie zum Teilhaber bei der deutschen Unternehmensführung von McKinsey ernannt, und 1984 zum Direktor bei McKinsey gewählt. Ebenfall 1984 erhielt er den Status von einem der 1.000 Hauptteilhaber an der weltweiten Unternehmensführung.

Die Firma McKinsey & Company war im Jahr 1926 von dem Juristen, Pädagogen und Philosophen James Oscar McKinsey (1889–1937) gegründet worden, der ganz spezielle Analysekonzepte entwickelte, um große Unternehmen beraten zu können. Durch eine Verknüpfung der vielfältigsten Untersuchungsmethoden gelang es McKinsey, Vorschläge für umfangreiche Umstrukturierungsmaßnahmen zur Effizienzsteigerung zu unterbreiten, die von den herkömmlichen Mustern weit abwichen. Der Erfolg dieses außergewöhnlichen Herangehensweise war so groß, dass McKinsey & Company inzwischen mit 90 Büros in 51 Ländern vertreten ist und weltweit 8.300 Beraterinnen und Berater beschäftigt. Die 14.500 Mitarbeiter insgesamt sprechen 120 Sprachen und repräsentieren über 100 Nationalitäten.

Kritiker warfen McKinsey allerdings vor, dass die Unternehmensberatung häufig engagiert wurde, um ein Problem zu lösen, dessen eigentliche Ursache sie selbst war. So wirkte beispielsweise Peter Kraljic, der Direktor von McKinsey Deutschland, in der Hartz-IV-Kommission mit. Der Kölner DGB-Vorsitzende Wolfgang Uellenberg-van Dawen, der Hartz IV »für ein von oben gesteuertes bürokratisches Monster mit riesigen Verwirrungen und Konflikten« hält, sagte dazu in einem Interview: »Das Unglück der Hartz-Reformen ist begründet in politischem Handlungsdruck, Zentralismus durch mehr McKinsey und weniger Mitbestimmung in der Selbstverwaltung plus einer Sozialstaat-Philosophie, die nicht positiv auf die Menschen zugeht, bei der am Ende nur noch das Fordern rüberkommt.« [2]

Rückkehr nach Deutschland

Doch zurück in das Jahr 1971. Klaus Zumwinkel erlangte in den USA nach zwei Jahren Vollzeitstudium den akademischen Grad eines Master of Science (M.sc.). Weil sein Vater starb, musste er seine Übersee-Karriere abbrechen und nach Deutschland heimkehren. Gemeinsam mit seinem Bruder Hartwig übernahm er die Leitung der elterlichen Firma. Aber bei McKinsey hatte er bereits gelernt, dass es günstiger ist, fremdes Kapital zu verwalten, als das Risiko selbst zu tragen. Die Geschwister nutzten einen günstigen Moment und verkauften den Warenhauskonzern mit seinen zehn Kaufhäusern und den rund 60 Discountern für mehrere Millionen DM an die REWE-Gruppe. Hartwig zog sich auf das Altenteil zurück. Klaus studierte weiter. 1973 promovierte er in Politologie zum Thema »Planung und Prüfung betrieblichen Informationshandelns«. Er stieg in die Lehre ein und übernahm als Dr. rer. pol. eine Privatdozentur an der Universität Münster.

Wie wir bereits wissen, währte seine akademische Laufbahn nur wenige Monate, weil ihm eine Tätigkeit als Unternehmensberater mehr lag. Zehn Jahre lang arbeitete er für McKinsey, bis er 1984 vom Quelle-Versand in Fürth abgeworben wurde. Dies geschah direkt durch Grete Schickedanz (1911–1994), der Witwe des Firmengründers, die er über McKinsey kennengelernt hatte. McKinsey ließ ihn ungehindert ziehen. Ein Slogan von McKinsey lautete nämlich: »Wir bleiben in Verbindung.« Die Berater pflegten auch nach dem Ausscheiden aus der Firma intensiven Kontakt untereinander und zum ehemaligen Unternehmen. Heutzutage gehören diesem Netzwerk allein in Deutschland 1.500 frühere Mitarbeiter an.

Den Quelle-Versand in Fürth gab es bereits seit dem Jahr 1927. Damals hatte der Kaufmann Gustav Schickedanz (1895–1977), Inhaber einer Großhandlung für Kurz-, Weiß- und Wollwaren, die amerikanische Idee des Versandhandels für die deutsche Käufermentalität modifiziert und sein Geschäft um eine neue Sparte erweitert. Im Krieg wurde das Unternehmen fast völlig zerstört, aber schon Ende der 40er Jahre begann es sich wieder wie Phönix aus der Asche zu erheben. Bereits im Jahr 1972 betrug der Umsatz fünf Milliarden DM.

Bei Quelle gestaltete sich der Aufstieg von Klaus Zumwinkel ähnlich rasant, wie er vorher bei McKinsey verlaufen war: 1985 wurde er Mitglied im Vorstand und 1986 stellvertretender Vorsitzender. In dieser Funktion war er vor allem für Sonderaufgaben und für die Unternehmensentwicklung zuständig. Nach dem Rückzug von Grete Schickedanz aus der Firma wurde er Vorstandsvorsitzender. Er leitete tiefgreifende Umstrukturierungsmaßnahmen ein, die das Unternehmen (nach einigen Jahren mit rückläufigen Ergebnissen) wieder dauerhaft zurück in die Gewinnzone führten.

1989 warb ihn der damalige Postminister Christian Schwarz-Schilling für einen Managerposten an. Der Grund war, dass die Deutsche Bundespost mit ihren drei Bereichen Postdienst (gelbe Post), Fernmeldedienst (graue Post) und Postbank (blaue Post) schrittweise privatisiert werden sollte. Klaus Zumwinkel wurde im September 1989 Vorstandsvorsitzender im Bereich der gelben Post. Das geschah auf Empfehlung von Alfred Herrhausen, dem Chef der Deutschen Bank (den angeblich die RAF oder die Bilderberger am 30. November 1989 ermordeten, indem sie sein Auto mit einer ferngezündeten Bombe in die Luft sprengten). [siehe Kap. 7]

Klaus Zumwinkel verdiente bei der Post weitaus weniger, als auf seinem vorhergehenden Posten. Aber nun trug er den Marschallstab im Tornister. In seinem Horoskop stand: »Der Schütze ist ein lebensbejahender Mensch, der gradlinig und offenherzig seine Meinung kundtut, auch wenn sie nicht jedem ins Konzept paßt. Der Schütze-Mensch steckt voller Feuer – nichts, was er tut, macht er halbherzig. Er ist immer voller Leidenschaft bei der Sache.«

Und Klaus Zumwinkel war mit Leidenschaft bei der Sache. Er hatte ein klares Ziel vor den Augen. Er wollte der mächtigste Manager Deutschlands werden.

3. Kapitel

Klaus Zumwinkel – Der Macher

> Das vermeintlich Harmlose entpuppt sich als unangestrengte Dominanz. Zumwinkel, so nett er sein kann, ist nicht Primus unter Gleichen. Er ist der Primus. Um seine Autorität muß er nicht mehr kämpfen.
>
> Manager Magazin, 12/2003

Klaus Zumwinkel erschien an seinem Arbeitsplatz stets korrekt gekleidet. Er trug mit Vorliebe dunkelblaue Anzüge mit feinen Nadelstreifen – passend zu seinen hellblauen Augen. Dazu wählte er dezent gemusterte Krawatten und schwarze Schuhe. Sein volles graues Haar war zurückgekämmt und immer gut frisiert, hätte jedoch öfter einmal einen frischen Schnitt vertragen können. Seine Wangen schimmerten glatt rasiert.

Geschmackliche Ausrutscher wie bunte Socken, rotkarierte Jacketts, Basecaps oder Turnschuhe zum Zweireiher waren bei ihm undenkbar. Wenn er eine Rede hielt, dann sprach er frei, stellte sich neben das Rednerpult, warf nur ab und an einen prüfenden Blick auf das Manuskript. Seine Mimik war kaum wahrnehmbar, aber er untermalte seine Worte mit schwungvollen Gesten, die seinen Zuhörern symbolisieren sollte: »Ihr könnt mir vertrauen.« Und wenn er seine Hände faltete, hieß das: Ich habe die Sache im Griff. Hin und wieder allerdings zeigte er ein Zeichen von Unsicherheit, wenn er fast zwanghaft in sein Haar fasste oder seine randlose, goldgefasste Brille ruckartig nach hinten schob.

In seinem Büro im 41. Stock des Post Towers in Bonn hing ein Ölgemälde, das den Generalpostmeister von Heinrich von Stephan (1831–1897) darstellte, der im 19. Jahrhundert aus den zersplitterten Postbehörden der deutschen Länder die Reichspost geformt und den Weltpostverein begründet hatte. Doch mit der Vorbildwirkung war es nicht weit her. Klaus Zumwinkel tat das genaue Gegenteil von seinem Idol: Er löste die Staatspost wieder auf. Viele Politiker verstehen die Kunst, stundenlang zu reden und trotzdem nichts zu sagen. Klaus Zumwinkel hingegen verblüffte seine Gesprächspartner immer wieder mit erstaunlichem Detailwissen, das er sich zielstrebig erarbeitete. Er orientierte sich dabei an dem Buchstaben »T«. Der Vorgesetzte muss – im Gegensatz zu seinen Untergebenen – die große Übersicht haben. Dafür steht der Querstrich. Doch auch der Längsstrich ist wichtig. Diese Linie symbolisiert, dass der Firmenchef jederzeit einer Sache auf den Grund gehen können muss, wenn es darauf ankommt. Exzellentes Management ließ sich nach Klaus Zumwinkels Meinung nur von demjenigen erreichen, der permanent die Resultate der vollbrachten Arbeit überprüfte.

Nach außen pflegte der Postchef die vornehme Zurückhaltung. Er verhielt sich so, wie viele andere vermögende Leute auch, die ihren Reichtum nicht gern offen zur Schau stellen und auf jegliche Statussymbole verzichten. Protziges Gehabe war ihm fremd. An seinem Handgelenk trug er eine einfache Armbanduhr mit dem Logo der Post – statt einer Rolex, wie sie bei anderen Managern seiner Gehaltsklasse die Regel war. Er fuhr keinen Bentley, Porsche oder Ferrari, sondern einen unscheinbaren Audi A 6, und seine zweigeschossige Villa mit ihren grünen Fensterläden und flachem Garagenanbau in der Mehlemer Straße 22 in Köln-Marienburg fügte sich unauffällig in die Umgebungsbebauung ein. Der SPIEGEL ging sogar soweit, dieses durchgängige Understatement wie folgt zu beschreiben: »Multimillionär Zumwinkel lebt zwar in einer großen Villa, doch die Tapeten waren bei der Durchsuchung kaputt, die Schränke wackelig und der Pool verlottert.« [3]

Klaus Zumwinkel spricht rheinischen Dialekt. In der Öffentlichkeit gab er sich onkelhaft freundlich, strahlte Noblesse aus, wirkte immer kultiviert, wenn auch ein klein bisschen bieder. Die Medien nannten ihn in einer Mischung aus Bewunderung und Unverständnis über seine unternehmerische Leistungen »die gelbe Eminenz« oder »Häuptling Silberlocke«. Das hielt ihn nicht davon ab, bei günstiger Gelegenheit einen überraschenden Coup in eigener Sache zu landen: Als er nach langem Kampf den Mindestlohn für die Briefträger durchsetzen konnte, stiegen die Post-Aktien wegen der weiterhin garantierten Gewinne auf ein Rekordhoch. Zumwinkel verkaufte daraufhin »200.640 Aktien, die er durch seine Optionen zum Ausübungspreis von 14,10 Euro erhalten hatte, für 21,70 Euro. Das ergab auf einen Schlag gut 1,52 Millionen Euro.« [4]

Es hagelte Kritik von allen Seiten, aber mehr passierte zunächst nicht. Das Geschäft sei zwar moralisch verwerflich, aber strafrechtlich nicht relevant, hieß es aus Politikerkreisen. Zumwinkel habe keinen Insiderhandel betrieben, weil die Mindestlohndebatte in aller Öffentlichkeit geführt wurde.

Ein einfacher Mann von der Straße wäre allerdings wohl kaum an dieses gigantische Paket von Aktienoptionen gelangt. Das Bild des Postchefs war unwiderruflich beschädigt. In der Öffentlichkeit galt er fortan als Raffke. Die Folgen kennen wir. Als er schließlich zum Abschuss freigegeben war, wurde gegen ihn auch wegen des Verdachts der Untreue ermittelt: »Berichten zufolge sei der Verdacht durch Zufallsfunde bei einer Razzia in der Bonner Post-Zentrale genährt worden. Die Ermittler hätten Unterlagen sichergestellt, wonach Zumwinkel angeblich zahlreiche Flugreisen und Autofahrten seiner Frau zu Lasten des Unternehmens abgerechnet haben soll.« [5]

Die beiden Autoren Christine Demmer und Christof Schössler beschrieben in ihrem Buch »Majestät brauchen Sonne – Die verborgenen Motive der Mächtigen« den Typ eines Managers, wie ihn Klaus Zumwinkel repräsentierte: »Er wirkt so nett und harmlos, so aufrichtig und gerade heraus, daß man ihn völlig unterschätzt und ihm gerne behilflich ist. Bescheidenheit, Schlichtheit, manchmal sogar rührend in Szene gesetzte Unbeholfenheit wecken eben Sympathie bei den Menschen. Erst wenn er still und leise eine gewisse Hierarchiestufe erklommen und sich qua Status als Führernatur geoutet hat, kann man ihm auf die Schliche kommen.« [6]

Burg Tenno

Klaus Zumwinkel verdiente im Jahr 2006 offiziell 4,24 Millionen Euro, im Jahr 2007 waren es 4,3 Millionen Euro. Manchen Millionären genügt das Wissen, reich zu sein und viel Geld auf der Bank zu haben – ihm nicht. Er investierte in einen pompösen Feriensitz in Italien, der weit genug weg von zu Hause war, um bei seinen Postmitarbeitern keinen Sozialneid zu wecken: Im August 1997 kaufte er sich im Dörfchen Tenno die hochaufragende, zinnenbewehrte mittelalterliche Burg Tenno. Anfang des 18. Jahrhunderts war sie von den Truppen des französischen Generals Louis Joseph Herzog von Vendôme (1654–1712) belagert und schwer beschädigt worden. Der Wiederaufbau hatte sich mehrere Jahrzehnte lang hingezogen. Seitdem weist die Burg eine Stilmischung aus antiken und modernen Elementen auf. Sie steht oberhalb des Gardasees auf einer felsigen Anhöhe, zu ihr gehört ein großer privater Garten. Von dort aus bietet sich ein herrlicher Blick auf das blaue Wasser und auf die grüne Ebene um Riva.

Klaus Zumwinkel ließ die Burg aufwändig renovieren und mit neuzeitlichem Komfort ausstatten. So gibt es unter anderem einen großen Swimmingpool. Am Eingangstor zur Burg steht auf einem angerosteten graublauem Klingelbrett »Privat – Dr. Z.«, ein zweites Klingelschild blieb leer.

Die Immobilie hatte über die Jahrhunderte wechselnde Besitzer. In der neueren Zeit stand sie erstmals 1988 zum Verkauf. Sie wurde damals von der bayrischen Firma G & M im Auftrag eines ungenannt bleiben wollenden Eigentümers für umgerechnet 2,81 Millionen Euro an zwei Ingenieure aus Belgien und Luxemburg veräußert, die dort eine kleine Fabrik für Mikroelektronik betrieben. Nach dem Tod der Unternehmer griff Klaus Zumwinkel zu. Wegen des großen Reparaturstaus soll der Kaufpreis nur noch umgerechnet 1,5 Millionen Euro betragen haben, und die Kosten der Instandsetzung beliefen sich auf den gleichen Betrag. Die Investitionen haben sich gelohnt. Der Wert von Burg Tenno hat sich in den vergangenen zehn Jahren verdoppelt. Er wird heute auf sechs Millionen Euro geschätzt.

Die Einheimischen rechneten es dem Manager zunächst hoch an, dass er das bekannteste Wahrzeichen der ganzen Gegend vor dem drohenden Verfall bewahrte. Dann machte sich Missmut breit, weil das eiserne Burgtor fest versperrt blieb. Touristen können das stolze Gebäude nur von außen besichtigen, und auch die Ortsansässigen haben keinen Zutritt mehr. Der alte Brauch, nach dem sich Hochzeitspaare im Burghof fotografieren ließen, kann nicht mehr gepflegt werden. Dafür haben die meisten Leute in der Gegend kein Verständnis. Das Ansehen des deutschen Padrone ist am Gardasee nicht sehr groß. Auch den deutschen Steuerbehörden stößt es sauer auf, wenn der Name Tenno fällt. Klaus Zumwinkel ließ sich nämlich seine Liechtensteiner Post an diese Adresse schicken.

Der Manager ist seit über 30 Jahren verheiratet. 1975, kurz

nachdem er als Berater bei McKinsey & Company angefangen hatte, führte er seine langjährige Freundin Antje vor den Altar. Sie ist immer noch eine attraktive Frau, schlank, jünger aussehend, mit rotbraunem halblangen Haar. Das Ehepaar hat zwei erwachsene Kinder: Eine Tochter namens Nina und einen Sohn mit dem Namen Alexander. Beide studieren im Ausland. Die Karriere von ihnen scheint damit vorgezeichnet zu sein. Der Vater hat es ihnen vorgemacht, sie folgen ihm. Auslandserfahrung, Fremdsprachensicherheit, Doktorentitel und gute Verbindungen öffnen die Türen zu den Elitezirkeln dieser Welt. Klaus Zumwinkels Wahlspruch lautet: »Es gibt nichts Gutes, außer man tut es.« Deshalb hielt er seine Kinder knapp, investierte aber viel in eine gute Ausbildung. Er dürfte es also ähnlich wie der Milliardär Bill Gates gehalten haben, der seine Sprösslinge nur mit einigen Millionen Dollar ausstattete, um sie nicht bequem und faul werden zu lassen.

Lebenselixier Beziehungen

Der Weg nach oben ist nicht leicht. Nicht umsonst sagt das Sprichwort: »Die erste Million ist die schwerste.« An der Spitze zu bleiben, wird noch viel schwerer. Ständig werden die Ikonen von Neidern oder Nachrückern gestürzt. Vor allem, wenn sie es versäumt haben, ihre Beziehungsnetzwerke auszubauen. Aus diesem Grund müssen hohe Führungskräfte unablässig ihre Einflusssphäre erweitern und neue Kontakte knüpfen. Vitamin B ist das Lebenselixier der Manager, denn Beziehungen sind nur für den schädlich, der keine hat.

Klaus Zumwinkel wurde 1995 Vorstandsvorsitzender der Deutschen Post AG. Er hatte damit eine beachtliche Position erklommen, aber keine Zeit, sich auf seinem Erfolg auszuruhen. Es war klar, dass unentwegt Karrieristen an seinem Stuhl sägen würden. Er musste deshalb zwangsläufig seine Stellung ausbauen, um unangreifbar zu werden. Durch die Gunst eines Politikers, nämlich des Postministers Christian Schwarz-Schilling, hatte er einen Platz in der Vorstandsetage bekommen. Damals, im Jahr 1989, war die CDU an der Macht gewesen. Als Folge der Bundestagswahl 1998 kam es dann zu einem Regierungswechsel. Helmut Kohl musste abtreten. Die bisherigen Regierungsparteien CDU/CSU und FDP hatten ihre Mehrheit im Bundestag verloren. Die bis dahin in der Opposition gewesenen Parteien SPD und Bündnis 90/Die Grünen bildeten eine Koalition. Gerhard Schröder wurde Bundeskanzler.

Postminister Christian Schwarz-Schilling war bereits 1992 aus der Politik ausgestiegen und Geschäftsführer der Dr. Schwarz-Schilling & Partner GmbH in Büdingen geworden, einer Firma für Betriebsberatungen. Als Protegé stand er nicht mehr zu Verfügung. Klaus Zumwinkel agierte als Vorstandsvorsitzender in einem gigantischen Konzern, aber in einer Aktiengesellschaft geben letztendlich die Mehrheitsaktionäre den Ton an. Im Unternehmen Deutsche Post war das die Bundesrepublik Deutschland.

Nach einem Regierungswechsel rollen immer die Köpfe. Die neue Mannschaft kommt, und die alten Seilschaften müssen abtreten, wenn auch sozial bestens abgefedert. Viele neue Leute wollen versorgt werden. Sie möchten endlich für ihre Verdienste um Volk und Vaterland mit Posten in Ministerien, Behörden oder Unternehmen belohnt sein. Auch auf den Thron des Postchefs gab es mehrere Anwärter. Deshalb musste er sich unentbehrlich machen und Beziehungen pflegen.

Klaus Zumwinkel sammelte Bekanntschaften wie andere Leute Briefmarken. »Mit der Gewerkschaft Ver.di ist Zumwinkel ebenso eng vernetzt wie in der Berliner Politik, und das sogar in beiden großen Parteien.« [7] Doch es gab noch einen inneren Kreis. Zu seinen besten Freunden – die er privat duzte, aber im dienstlichen Rahmen konsequent mit Sie ansprach – zählten:

- Dr. Hubert Burda, Vorstandsvorsitzender und Verleger der Hubert Burda Media Holding GmbH & Co. Kommanditgesellschaft, einem der größten deutschen Verlagskonzerne, der unter anderem die SUPERillu und den Focus herausgibt, Präsident des Verbandes Deutscher Zeitschriftenverleger (VDZ);
- Dr. jur. Ulrich Cartellieri, Mitglied im Advisory Committee der Federal Reserve Bank of New York, zweiter Vorsitzender des Deutsch-Japanischen Forums, Mitglied im Kuratorium der Deutschen Nationalstiftung, bis 2001 Schatzmeister der CDU, war Aufsichtsrat bei der Deutschen Bank, bei der Robert Bosch GmbH, bei der Karstadt AG, bei der Siemens AG und bei der Thyssen AG, war Mitglied im Beirat der Ruhrgas AG und Vorstandsmitglied im Henkel-Konzern;
- Hon.-Prof. Herbert Henzler, bis 2001 European Chairman bei McKinsey & Company, seit 2004 Vorsitzender des Wissenschaftlich-Technischen Beirats der Bayerischen Staatsregierung (WTB), außerdem Mitglied in mehreren Aufsichtsräten;
- Dr. phil. Georg Kofler, war Vorstandsvorsitzender bei der ProSieben Media AG, später Vorstandsvorsitzender der Premiere AG;
- Hon.-Prof. Ulrich Lehner, von 2000 bis 2007 Vorstands-

vorsitzender des Henkel-Konzerns, seit 2007 Präsident des Verbandes der Chemischen Industrie, Mitglied in den Verwaltungsräten von Porsche, E.ON und HSBC Trinkaus & Burkhard;

• Dr. med. Axel Munte, Vorstandsvorsitzender der Kassenärztlichen Vereinigung Bayerns (KVB);

• Hon.-Prof. Wolfgang Reitzle, Manager bei BMW und Rover, seit 2003 Vorstandsvorsitzender der Linde AG, einem internationalen Konzern, der führender Anbieter von Medizin- und Industriegasen in Europa ist und außerdem die Planung von schlüsselfertigen Chemie-Anlagen vornimmt;

• Dr. Ihno Schneevoigt, Personalvorstand bei der Allianz Versicherungs-AG bis 2003, Mitglied des Hochschulrates der Universität Bayreuth, Gründungsmitglied der Stiftung der Deutschen Wirtschaft, Mitglied vom Advisory Board der Cerberus Deutschland Beteiligungsberatung GmbH, Vorstandsmitglied vom Institut der deutschen Wirtschaft Köln;

• Prof. h.c. Jürgen Schrempp, von 1995 bis 2005 Vorstandsvorsitzender der Daimler-Benz AG, heute Honorarkonsul der Republik Südafrika und Aufsichtsratsmitglied der nationalen südafrikanischen Fluggesellschaft South African Airways;

• Dr. h.c. Jürgen Weber, Vorstandsvorsitzender und seit 2003 Vorsitzender des Aufsichtsrates bei der Deutschen Lufthansa, Aufsichtsratsmandate bei der Allianz-Lebensversicherungs-AG, der Bayer AG, der Deutschen Bank AG, der Deutschen Post AG, der Thomas Cook AG, der Voith AG, der Loyalty Partner GmbH und der Tetra Laval Group in der Schweiz.

Similaun-Kreis

Wolfgang Reitzle, der 1992 als Hobbybergsteiger vier Wochen in den Anden unterwegs gewesen war, machte seinen o.g. Freunden den Vorschlag, eine Gebirgswandergruppe zu gründen. Die Idee fiel auf fruchtbaren Boden, der elitäre Similaun-Kreis entstand. Der Name rührt von dem 3.606 Meter hohen Similaun her, einem Gipfel des Alpenhauptkammes in den Ötztaler Alpen in Tirol, der an der Grenze zwischen Österreich und Italien liegt. Unter Führung des Südtiroler Extrembergsteigers Reinhold Messner, der auf Schloss Juval in Vinschgau lebt, unternahmen die Mitglieder der Gebirgswandergruppe ausgedehnte Kraxeltouren. Ein Ausflug dauerte in der Regel vier Tage. Reinhold Messner arbeitete die Route aus und kümmerte sich um die Berghütten zum Übernachten. Ab und zu wurden Gastkletterer mitgenommen. Roland Bettschart und Birgit Kofler behaupteten in ihrem Buch »Nobelclubs in Österreich«, dass der Similaun-Kreis »gelegentlich auch den deutschen Bundeskanzler in der Seilschaft« gehabt haben soll. [8]

Großkonzerne schicken ihre Führungskräfte gerne in die Berge, um dort das Durchhaltevermögen, die Disziplin und den Teamgeist ihrer Leute zu testen und zu entwickeln. Sie müssen über Schluchten hangeln, steile Felswände hinaufkrabbeln und auf hartem Boden schlafen. Die Mitglieder im Similaun-Kreis nahmen diese Strapazen gern freiwillig auf sich. Sie wollten sich verausgaben und ihre Körper bis an die Grenze der Belastbarkeit führen. Es ging ihnen darum, sich und anderen zu beweisen, was für willensstarke und tolle Kerle sie doch waren.

Für Dr. jur. Ulrich Cartellieri fand eine solche Tour einen schlimmen Ausgang. Am 12. Juni 2000, bei einem Aufstieg durch eine Rinne zum Col du Chardonnet (3.323 Meter) im Montblanc-Massiv, prasselte ein Steinschlag herab. Cartellieri wurde getroffen und rutschte 100 Meter weit den Berg hinunter. Er erlitt außer tiefen Abschürfungen und schweren Prellungen einen komplizierten Trümmerbruch am Knie. Er war froh, noch einmal mit dem Leben davongekommen zu sein.

50 mächtige Männer

Doch natürlich hatten die Bergwanderungen für die Manager noch einen anderen Sinn, als nur Kameradschaft und sportliche Herausforderungen in landschaftlich schöner Umgebung zu erleben. »Nach Auf- und Abstieg diskutieren die Teilnehmer stets auch drängende soziale und wirtschaftspolitische Themen. Beim diesjährigen Jubiläumstreffen Anfang August in den Dolomiten standen die deutsch-amerikanischen Beziehungen und die Krise des Arbeitsmarktes auf der Tagesordnung«, umschrieb der Focus äußerst zurückhaltend den Inhalt der Gespräche. [9] Die Welt am Sonntag war da schon viel direkter, als sie konstatierte: »14 deutsche Unternehmensführer vier Tage lang zusammen in den Alpen – man kann sich lebhaft vorstellen, was dort besprochen wird. Werden dabei die Vorstands- und Aufsichtsratsposten verteilt? Werden dort die nächsten Fusionen und Akquisitionen geplant? Legt man dort die Märkte der Zukunft fest? Ist das eine Seilschaft im wahrsten Sinne des Wortes?« [10]

Die meisten Mitglieder im Similaun-Kreis hatten als Manager in den letzten zehn Jahren große Teile des Staatsvermögens privatisiert und auf diese Weise die Bürger in eine steigende Kostenspirale getrieben. Im Vergleich dazu handelt es sich bei dem Treiben der sogenannten alten Seilschaften im Osten, die sich gegenseitig Industriebrachen und Schrottimmobilien zuschieben, um Kleinkinderkram.

Das Manager-Magazin spannte den Bogen noch etwas weiter, als es von den 50 mächtigsten Managern Deutschlands schrieb. »Ein kleiner Zirkel einflußreicher Männer steuert die deutsche Wirtschaft ... Ihre Entscheidungen betreffen nicht nur ein Unternehmen, sie sitzen an mehreren Schaltstellen der Macht. Ein wichtiges Kriterium für die Aufnahme in den exklusiven Klub ist ein exzellentes Netzwerk und der Wille, die Drähte zu nutzen«, hieß es da. [11] Das Manager-Magazin listete 50 Namen auf. Die zehn wichtigsten und mächtigsten Wirtschaftsbosse standen vorn. Unter ihnen befanden sich vier Mitglieder im Similaun-Kreis: Wolfgang Reitzle, Jürgen Schrempp, Jürgen Weber und Klaus Zumwinkel.

In diesem Zusammenhang wird auch von der »Deutschland AG« gesprochen. Damit ist eine enge Verzahnung von einheimischen Kapitalgebern, Banken und Industriekonzernen gemeint, die wiederum durch gegenseitige Beteiligungen untereinander verbunden sind. Die engen wirt-

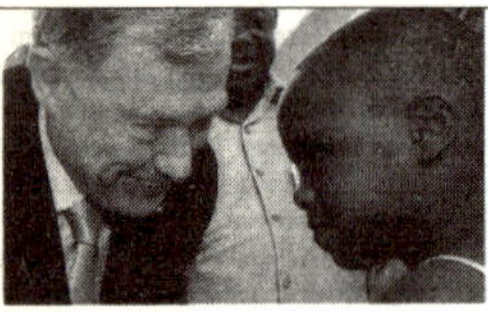

Der Staatschef im Gespräch mit einem Kind in Uganda, Februar 2008

märkten auf ein „underpricing of risk" zurück: Kredite waren zu leicht und zu billig verfügbar.

Sie sprechen wie ein Investmentbanker...

... man muss der Finanzwelt einen Spiegel vorhalten. Sie hat sich mächtig blamiert. Und ein klar vernehmbares mea culpa vermisse ich noch immer. Nur ein Kapitalismus, der bereit ist, sich in Verantwortung zu binden, hat Zukunft. Gerade auch in Verantwortung für die Schwachen. Es kommt darauf an, Verantwortung und damit auch Solidarität zu praktizieren, ohne den Markt- und Preismechanismus auszuschalten. In Deutschland definieren wir →

Stern, 21/2008

schaftlichen Verflechtungen minimieren die Risiken, denn einer sorgt für den anderen. Die Manager betreiben die vielfältigsten gemeinsamen Projekte. Sie protegieren Leute und schaffen damit Abhängigkeiten. Sie kümmern sich darum, dass die Schaltstellen der Macht mit loyalen Kandidaten besetzt werden und ihnen kein Außenstehender ins Handwerk pfuschen kann. Die freie Marktwirtschaft existiert nur in solchen Bereichen, die für die Deutschland AG uninteressant sind. Bei allem anderen sitzt fest der Deckel drauf.

Ausgezeichnet

Aber auch anderweitig sind gute Freunde füreinander da. Beispielsweise wurde Dr. Axel Munte für sein herausragendes Engagement im Kampf gegen den Darmkrebs am 27. März 2007 mit dem Felix Burda Award 2007 ausgezeichnet. Den Preis hatte die Burda-Stiftung vergeben, in der Jury saß u. a. Dr. Ihno Schneevoigt.

Hubert Burda sorgte sich ebenso um Klaus Zumwinkel: Dem Postchef wurde im Jahr 2000 von der Hubert Burda Media der Bambi verliehen. Das ist ein Medien- und Fernsehpreis für »Menschen mit Visionen und Kreativität, die das deutsche Publikum besonders berührt und begeistert haben«. Der letzte Postler, der das deutsche Publikum besonders berührt und begeistert hatte, war Meister Briefmarke im sogenannten DFF-Kinderfernsehen gewesen.

Am 30. August 2002 bekam Klaus Zumwinkel einen Titel zugesprochen, der ihm weit weniger gut als der Bambi gefiel. Vom Verein Deutsche Sprache wurde er zum »Sprachpanscher des Jahres« gekürt. Prof. Dr. Walter Krämer, der 1. Vorsitzende des Vereins, benannte die Gründe für die Wahl: »Wegen seiner bemerkenswerten Fehlleistung im Umgang mit der deutschen Sprache haben die Mitglieder des Vereins Deutsche Sprache e.V. Herrn Dr. Klaus Zumwinkel, Vorstandsvorsitzender der Deutschen Post AG, zum Sprachpanscher des Jahres 2002 gewählt. Damit würdigt der Verein das gedankenlose Anbiedern an den amerikanischen Kulturkreis, wie es sich in den postalischen Bezeichnungen One stop shopping, Global mail, Mailing factory, Fulfilment, Stampit, Postage point, Freeway, Easytrade, Funcard mailing, Travel service, Speed booking usw. äußert. Der Verein Deutsche Sprache e. V. sieht darin kein Zeichen von Weltoffenheit, sondern einen peinlichen Beweis des Mißtrauens gegen unsere eigene Sprache und Kultur.« [12]

Ein Jahr später wurde die Schmach getilgt: Das Manager Magazin wählte Klaus Zumwinkel zum »Manager des Jahres 2003«. (Kurz zuvor war der Wirtschaftswissenschaftler Dr. Arno Balzer vom Stellvertreter zum Chefredakteur der Zeitschrift befördert worden. Zufällig handelte es sich dabei um jenen Dr. Balzer, der vorher einige Zeit bei der Daimler-Benz AG als Hauptreferatsleiter Wirtschafts- und Finanzpresse gearbeitet hatte.)

Am 23. Oktober 2007 erhielt Klaus Zumwinkel, wie bereits erwähnt, vom Ministerpräsidenten Jürgen Rüttgers den Verdienstorden des Landes Nordrhein-Westfalen verliehen. In der Laudatio hieß es: »Er ist ein Mann der leisen Töne. Selbst in schwierigen Situationen verliert der gebürtige Westfale nie die Fassung. Mit seinem ausgleichenden Wesen überzeugt er seine Mitmenschen, bindet unterschiedliche Temperamente ein und überwindet so auch tiefe Gräben. Der Familienmensch und passionierte Bergsteiger Dr. Klaus Zumwinkel hat als Unternehmer die Wirtschaft unseres Landes mit hohem Sachverstand nachhaltig geprägt ... Klaus Zumwinkel ist ein hervorragender Unternehmer, der sich mit seinem unternehmerischen Engagement um Deutschland verdient gemacht hat: beharrlich in der Sache und zum Wohle unseres Gemeinwesens.« [13]

Wie beharrlich er in der Sache tatsächlich agierte, lässt sich an der langen Liste seiner sonstigen Funktionen außerhalb der Deutschen Post AG ablesen. Er war:

- Aufsichtsratsvorsitzender der Deutschen Postbank AG
- Aufsichtsratsvorsitzender der Deutschen Telekom AG
- Aufsichtsrat bei Arcandor (früher KarstadtQuelle)
- Aufsichtsrat bei der Allianz Deutschland AG
- Aufsichtsrat bei der Tchibo-Holding
- Aufsichtsrat bei der Deutschen Lufthansa AG
- Mitglied des Board of Directors der US-Bank Morgan Stanley
- Präsident des von ihm gegründeten Instituts zur Zukunft der Arbeit (IZA Bonn)
- Mitglied im Präsidium des Bundesverbandes der Deutschen Industrie (BDI)
- Mitglied im Präsidium des Bundesverbandes der Arbeitgeberverbände (BDA)

Mit dieser langen Auflistung offenbart sich gleichzeitig die große Schwäche des Systems. Die Spitzenmanager müssen, wie bereits erwähnt, ständig ihr Netzwerk erweitern, und zwar um den Preis des eigenen Untergangs. Aber selbst Superhirne sind nicht in der Lage, zehn Vollzeit-Jobs gleichzeitig zu erledigen. Sie können es nicht tun, weil ihre Lebens- und Arbeitszeit beschränkt ist und beim besten Willen nicht dazu ausreicht, auf allen Hochzeiten gleichzeitig zu tanzen. Sie müssen sich darauf konzentrieren, wichtige Grundsatzentscheidungen zu treffen und sich ansonsten auf die Zuarbeiten von Rangniederen verlassen. Ihnen bleibt nur die Hoffnung, dass diese Untergebenen hundertprozentig loyal und kompetent sind und deshalb alles gut gehen werde. Doch das ist ein Irrglaube. Auch Nachwuchskräfte denken nach dem Motto »Selber essen macht fett« häufig zuerst an die eigene Tasche und dann erst an den Konzern. Außerdem geschehen ständig Katastrophen. In komplexen Systemen gilt die Regel, dass immer alles schiefgeht, was nur schiefgehen kann.

Für die Spitzenmanager ist das normalerweise bedeutungslos. Sie haften nicht persönlich, sondern müssen nur eine plausible Ausrede finden. Doch die Gefahr kommt aus einer anderen Richtung. Die Welt hat sich gedreht. Im Zuge der Globalisierung gelten zunehmend neue Prinzipien. Die alten Seilschaften haben ausgedient, die Saurier beginnen auszusterben. Andere Mächte übernehmen das Spiel. Im Similaun-Kreis erwischte es zuerst Dr. Ihno Schneevoigt. Er musste 2003 seinen Stuhl 2003 als Personalvorstand bei der Allianz räumen.

2004 verließ Dr. jur. Ulrich Cartellieri die Deutsche Bank, wo er 34 Jahre lang die Geschicke bestimmt hatte. Zwischen ihm und dem Vorstandssprecher Josef Ackermann hatte es unüberbrückbare Differenzen gegeben. Ihm schien »auch die US-Unternehmenskultur nicht geschmeckt zu haben, die sich nach der Übernahme von Bankers Trust Co. durch die Deutschen Bank durchsetzte«, werteten die Finanznachrichten den Vorfall. [14]

Arcandor stellt Aktionären Dividende in Aussicht

FRANKFURT A. M. Der Handels- und Touristikkonzern Arcandor will den Aktionären trotz der jüngsten Gewinnwarnung für das kommende Geschäftsjahr eine Dividende zahlen. „Von 1,1 Milliarden Euro Ergebnis (Ebitda) wird 2008/2009 so viel übrig bleiben, dass auch die Aktionäre etwas davon haben. Wir werden dividendenfähig", zitierte die Frankfurter Allgemeine Sonntagszeitung Konzernchef Thomas Middelhoff. *(Reuters)*

Berliner Zeitung, 18.08.2008

Prof. Dr. hc. Jürgen Schrempp war der nächste. Er wurde am 31. Dezember 2005 ganz überraschend von seinem Posten als Vorstandsvorsitzender bei der Daimler-Benz AG abgelöst und musste ohne Abfindung gehen.

Schließlich traf es Dr. Georg Kofler. Er schied 2007 völlig unerwartet bei Premiere aus. Die Süddeutsche Zeitung kommentierte dies folgendermaßen: »Er zieht sich zurück, bevor Beteiligungsgesellschaften das Kommando auf dem Markt für Bezahlfernsehen übernehmen.« [15]

Im Juli 2008 verkaufte Linde-Chef Wolfgang Reitzle über 60.000 Aktien des Industriegaskonzerns und bekam dafür 5,5 Millionen Euro. Es war ein gutes Geschäft für ihn gewesen, denn er hatte die Wertpapiere sechs Jahre zuvor für knapp 1,95 Millionen Euro erworben. Insider fragten trotzdem nach dem Grund. Brauchte Reitzle dringend Geld? Sicherlich nicht. Oder handelte er nach der von Mark Twain aufgestellten Maxime: »Mit Aktien reich werden? Nichts einfacher als das. Man kauft sie, wenn sie billig sind, und verkauft sie, wenn sie hoch im Kurs stehen.« Oder aber bereitete der ehrenwerte Hon.-Prof. Wolfgang Reitzle seinen sauberen Abgang vor, um nicht in denselben sauren Apfel beißen zu müssen wie seine Freunde?

Die Zeit war abgelaufen

Mit der rot-grünen Bundesregierung unter Kanzler Gerhard Schröder begann ein komplexer Gesellschaftsumbau, der von der Öffentlichkeit in seiner ganzen Dramatik nur nach und nach wahrgenommen wurde. Die großen Konzerne erhielten umfassende finanzielle Hilfen durch Steuererleichterungen und großzügige Subventionen. Die wirtschaftlichen Rahmenbedingungen wurden zu ihren Gunsten verändert. Auf der anderen Seite begannen massive Kürzungen bei den

Sozialleistungen, genannt Neo-Liberalismus. Das geschah nicht zufällig oder im Selbstlauf, sondern wurde durch den massiven Druck bedingt, der nicht nur auf Deutschland, sondern auf alle europäischen Industrienationen einwirkte. Im Auftrag des Großkapitals organisierte der Staat die systematische Umverteilung. Die Satirezeitschrift Eulenspiegel schrieb dazu, dass die SPD bessere CDU-Politik mache als die CDU selbst. Große globale Investorengruppen stießen auf den Markt vor. In der Bundesrepublik sind derzeit über 1.800 Ableger von US-Konzernen mit ungefähr 800.000 Beschäftigten tätig.

Postchef Klaus Zumwinkel schwamm von Anfang an in diesem Strom mit. Innerhalb von sechs Jahren steigerte er den Gewinn der Post von 14,1 Milliarden auf 43,2 Milliarden Euro. Aber er fuhr auch gigantische Verluste ein, vor allen Dingen im US-Geschäft.

Der Vertrag von Klaus Zumwinkel als Vorstandsvorsitzender der Deutschen Post AG sollte regulär im November 2008 beendet werden. Aber seine Zeit war längst abgelaufen. Er wusste das oder ahnte es zumindest. Er äußerte deshalb die Absicht, schon vorzeitig zum 6. Mai 2008 zurückzutreten. Anschließend wollte er sich in den Aufsichtsrat der Deutschen Post AG wählen lassen. Dort strebte er den Vorsitz an. Außerdem gab es Überlegungen, ihn beim Kinderhilfswerk Unicef Deutschland mit dem ehrenvollen Posten des Vorstandsvorsitzenden zu betrauen. Dort hätte er Seite an Seite mit Schirmherrin Eva Köhler, der Frau des Bundespräsidenten, agieren können. Die Pläne dazu waren noch weit vor dem Bekanntwerden des Unicef-Spendenskandals gereift.

Wie wir wissen, kam es anders. Möglicherweise beging Klaus Zumwinkel einen Fehler, als er im Januar 2008 über den Verkauf der Postbank sprach und öffentlich erklärte, dass sie nur in deutsche Hände abgegeben werden solle. »Die

Finanzbranche gehört zu den Sektoren, in denen Deutschland starke Global Player braucht«, zitierte ihn die Berliner Morgenpost. [16] Vielleicht lag es auch daran, dass er in seinem Entschluss wankend wurde, vorzeitig das Ruder aus der Hand zu geben. Manager sind nämlich Workoholics. Sie brauchen den täglichen Kick, den Stress, das Gefühl der Macht. Ein Ende ihrer Karriere ist ihnen unvorstellbar, weil sie es als eine Form des persönlichen Versagens interpretieren. Möglicherweise glaubte Klaus Zumwinkel sogar daran, was das Manager-Magazin über ihn völlig realitätsfern vermeldet hatte: »Für einen Manager seines Ranges hat der Post-Primus bemerkenswert wenige Gegner.« [17]

Das ganze Gegenteil war der Fall. Seine Widersacher formierten sich und bliesen zum Angriff. Als am 14. Februar 2008 die Beamten an der Tür klingelten, wollte der Tycoon zunächst nicht wahrhaben, was ihm passierte. Es traf ihn wie ein Blitz aus heiterem Himmel. Wie konnte es sein, dass er, der zu den mächtigsten Menschen der Bundesrepublik Deutschland zählte, plötzlich derartig vorgeführt wurde? Anfangs zeigte er sich wenig kooperativ. Erst als ihm klar wurde, dass sein Stern längst gesunken war, besann er sich eines Besseren. Es gab niemanden mehr, den er anrufen und um Hilfe bitten konnte. Die Sicherungsleine der Seilschaft war gerissen.

Die meisten seiner vielen Posten hat Klaus Zumwinkel inzwischen verloren oder freiwillig aufgegeben. Nur beim Handelskonzern Arcandor wurde er am 23. April 2008 mit 78,8 Prozent der vertretenen Stimmen erneut in den Vorstand gewählt. Er selbst war bei der Versammlung nicht anwesend gewesen, sondern hatte sich wegen Krankheit entschuldigen lassen.

Von der Deutschen Post AG erhielt er keine Abfindung. Es erging ihm ebenso wie seinem Freund Prof. Dr. hc. Jürgen Schrempp bei der Daimler-Benz AG. Durch den eigenen Entschluss, vorzeitig zurückzutreten, hatte er den Anspruch auf weitere Bezüge verwirkt.

Eine Mindestrentenregelung ist im Rentenrecht der Bundesrepublik Deutschland nicht enthalten. Zum 1. Januar 2003 wurde aber die »Grundsicherung im Alter und bei Erwerbsminderung« als eigenständige Sozialleistung auf der Basis des Grundsicherungsgesetzes (GiG) eingeführt. Auf sie besteht ein Anspruch ab dem 65. Lebensjahr. Der durchschnittliche Grundsicherungsbedarf beträgt monatlich 627,00 Euro, das sind 7.524,00 Euro im Jahr.

Klaus Zumwinkel ist nicht auf diese Grundsicherung angewiesen. Als Manager steht ihm eine Betriebsrente zu. Vorstände im Ruhestand haben einen Anspruch darauf, sobald sie das 55. Lebensjahr erreicht haben. Die Beiträge hatte die Deutsche Post AG für ihn bezahlt. Er selbst brauchte keinen einzigen Cent beizusteuern. Im Vergleich zu seinem bisherigen Einkommen fällt die Rente dennoch bescheiden aus. Sie soll lediglich etwas über 1.000.000,00 Euro pro Jahr betragen.

4. Kapitel

Das Fürstentum

»Wir gehen grundsätzlich davon aus, daß sich unsere Bürger an geltende Gesetze halten. Dieses Vertrauen allen Bürgern gegenüber hat sich in der Vergangenheit bewährt. Und wir haben dieses Vertrauen grundsätzlich auch in unsere ausländischen Kunden.«

Erbprinz Alois von und zu Liechtenstein vom 19.02.2008

Es gibt eine große Menschengruppe, die zwar gerne die Vorzüge moderner Technik in Anspruch nimmt, aber dennoch mit dem Internet-Banking nichts im Sinn hat. Das sind Leute, die sich nicht völlig von durch Viren und Trojaner bedrohte Elektronenhirne abhängig machen möchten, und die außerdem auf persönliche Kontakte zu ihrem Bankberater setzen. Ein wichtiges Kriterium bei der Auswahl des passenden Kreditinstituts ist zweifellos die gute Erreichbarkeit der nächsten Filiale.

Bei Klaus Zumwinkel müssen andere Aspekte eine Rolle gespielt haben. Vor allem, weil ihm quasi eine eigene Bank gehörte: Im Jahr 1999 hatte die Deutsche Post AG der Bundesrepublik die Deutsche Postbank AG abgekauft. (Damit gehörte wieder zusammen, was schon immer zusammengehört hatte. Die Postbank war nämlich erst im Jahr 1989 bei der Post im Zuge der Postreform ausgegliedert worden. Darüber hinaus handelte es sich um reinen Aktionismus. Die BRD hatte sich Geld von der linken in die rechte Hosentasche gesteckt, denn sowohl die Deutsche Post AG, als auch die Postbank AG befanden sich 1999 in Staatsbesitz. Aber das ist eine andere Geschichte.)

Als Vorstandsvorsitzender der Deutschen Post AG war

Klaus Zumwinkel dadurch quasi auch zum Chef der Postbank geworden. Er hätte sozusagen als sein eigener Bankberater fungieren können. Nach außen wurde dies dadurch dokumentiert, dass er den Posten des Aufsichtsratsvorsitzenden übernahm. (Dazu gehörte Kompetenz – die ihm freilich der Hagener Steuerberater und Steuerstrafverteidiger Jürgen Ortmüller in einer eilig am 15. Februar 2008 herausgegebenen Presseerklärung absprach: »Manager haben nach einem 16-Stunden-Tag kaum noch Zeit, sich um ihre eigenen steuerlichen Angelegenheiten zu kümmern … Die immer kompliziertere Steuergesetzgebung der Bundesregierung verführt Banken und ihre Berater dazu, ihren Kunden Angeboten zu machen, aus deren Haftung sie sich allerdings heraushalten.« Dies bedeutet übersetzt, dass der ahnungslose Kunde Zumwinkel auf den falschen Rat seines Bankiers und Beraters Zumwinkel hereingefallen war. Sofern also der Aufsichtsratsvorsitzende Zumwinkel über eine Vermögensschadenshaftpflichtversicherung verfügt, sollte ihn der Kunde Zumwinkel materiell haftbar machen. Aber auch das ist eine andere Geschichte.)

Anstatt sein sauer erspartes Geld zinsbringend auf einem Postsparbuch anzulegen, wie es die normalen Leute taten, entschloss sich der Postboss zu einem viel weiteren Schritt. In Köln, am Konrad-Adenauer-Ufer 83, gab es zwar eine Geschäftsstelle der Liechtenstein Global Trust (LGT-Bank). Aber vom Wohnort des Managers in Köln-Marienburg bis nach Vaduz im Städtle 28, dem Liechtensteiner Sitz der für die Verwaltung von Stiftungen verantwortlichen Tochterunternehmen, der LGT Treuhand AG, war es ein weiter Weg. 455 Kilometer Luftlinie, um es genau zu sagen. Das eignete sich kaum für einen kurzen Abstecher in Hausschlappen.

Bereits bis Konstanz ist es ein schönes Stück Weg. Dann zieht es sich ellenlang am Bodensee entlang. Liechtenstein liegt nämlich direkt an der Nord-Süd-Route, die über Chur bis nach Italien reicht. Von der A 1 geht es auf die A 13. Die Autobahn führt vorbei an Orten mit seltsamen Namen wie Au und Salez. Irgendwann, wenn der einsame Reisende seine Hoffnung auf eine baldige Ankunft längst aufgegeben hat, kommt endlich die Anschlussstelle Vaduz in Sicht.

Der Bau eines Flughafen hat sich im Fürstentum bislang nicht gelohnt. Das Land ist wohl auch zu bergig und zu klein. Es gibt lediglich einen privaten Landeplatz für Hubschrauber. Klaus Zumwinkel war Vorstandsmitglied der Deutschen Lufthansa gewesen. Vielleicht wurden für ihn Sonderkonditionen beim Chartern eines Helikopters eingeräumt. Oder er hat ein Flugzeug nach Altenrhein (50 Kilometer entfernt), Friedrichshafen (85 Kilometer entfernt) oder Zürich (115 Kilomter entfernt) genommen und ist von dort aus mit dem Leihwagen weiter. Eine umständliche und beschwerliche Reise war es trotzdem.

Um die Entfernungen im Fürstentum selbst zurückzulegen, würde ein Fahrrad genügen. Oder besser ein Moped, wegen der vielen Steigungen. Der höchste Berg in dem kleinen Land am Rande der Alpen ist der 2.599 Meter hohe Grauspitz. Den tiefsten Punkt bildete das 430 Meter über dem Meeresspiegel gelegen Ruggeller Riet. Die gesamte Fläche des Fürstentums umfasst nur 160 Quadratkilometer. In Übersee sind manche Farmen größer. Bei knapp 30.000 Einwohnern in elf Gemeinden ergibt das einen Mittelwert von 213 Menschen pro Quadratkilometer. Die Bevölkerungsdichte in Klaus Zumwinkels Heimatstadt Köln ist zehnmal höher. Dort leben rund eine Million Einwohner auf 404 Quadratkilometern.

Das Auenland

J. R. R. Tolkien (1892–1973), der Verfasser des auf der ganzen Welt millionenfach verkauften Bestsellers »Der Herr der Ringe« sowie des wunderbaren Kinderbuchs »Der kleine Hobbit«, gilt als der Begründer der modernen Fantasy-Literatur. Als junger Mann wanderte er gemeinsam mit mehreren Freunden etliche Wochen durch die Schweiz. Sein Weg führte ihn bis in den Zwergenstaat Liechtenstein. Das war im Frühling und im Sommer des Jahres 1911 gewesen, unmittelbar vor dem Beginn seines Studiums am Exeter College in Oxford. Die Schönheit der Landschaft und der Charme der verschlafenen Orte nahmen ihn gefangen. Von seinen Eindrücken ließ er sich in seinem späteren Schaffen inspirieren. Beispielsweise heißt im englischen Original seiner berühmten Bücher die Gegend, in der die Hobbits wohnen, Shire. Shire bedeutet Grafschaft. Liechtenstein war, bevor es zu einem Fürstentum wurde, eine Grafschaft gewesen. Erst die deutschen Übersetzungen vom »Der Herr der Ringe« und »Der kleine Hobbit« verwandelten Shire, die Grafschaft, in das viel märchenhafter klingende Auenland.

Die Hobbits bei Tolkien sind etwas größer als Zwerge und ein ruhiges, gemütliches Völkchen. Sie besitzen oft eine rundliche Figur und haben die Neigung, Aufregungen aus dem Wege zu gehen. Sie lieben gutes und häufiges Essen. Auch dem Alkohol in Form von würzigem Bier sind sie nicht abgeneigt. Das Jahr teilen sie ein in die Zeiten zwischen diversen Feiern. Ihr Land ist hügelig und zum Bau von grasbedeckten Hobbithäusern mit runden Fenstern und Türen bestens geeignet. Da die Hobbits Gewalt verabscheuen, hat es im Auenland dreihundert Jahre lang keinen Krieg gegeben. Die höchste Autorität im Auenland genießt der »Thain« oder »Thane«. Das bedeutet Lehensmann oder Fürst.

Wie die Heimat der Hobbits ist Liechtenstein ein bergiges Binnenland. Es besitzt keinen eigenen Zugang zum Meer. Das Fürstentum liegt in den Alpen an der Ostseite des Rheintales zwischen Österreich und der Schweiz. Es ist von den Schweizer Kantonen St. Gallen im Westen und Graubünden im Süden umgeben. Im Osten liegt das Österreichische Bundesland Vorarlberg, die Westgrenze entspricht dem Rheinverlauf. Zwei Drittel des Landes bestehen aus Gebirge, ein Drittel ist Siedlungsgebiet.

Wie im Auenland haben in Liechtenstein seit Jahrhunderten keine Kampfhandlungen mehr stattgefunden. Von der Staatsform her ist es eine konstitutionelle Erbmonarchie auf demokratisch-parlamentarischer Grundlage. Am 13. November 1989, zwei Tage, nachdem in Berlin mit dem Abriss der Mauer begonnen wurde, übernahm Fürst Hans-Adam II. (geb. 1945) das Amt des Staatsoberhaupts. Er regierte 15 Jahre lang. Am 15. August 2004 setzte er seinen ältesten Sohn, Erbprinz Alois Philipp Maria von und zu Liechtenstein, Graf zu Rietberg, als seinen Stellvertreter ein, um ihn auf die Thronfolge vorzubereiten. Der 1968 geborene Erbprinz hatte nach dem Abitur in England die Offiziersschule in Sandhurst absolviert und war einige Jahre bei den Coldstream Guards in Hongkong stationiert gewesen. Nach einem Studium in Salzburg heiratete er 1993 Sophie Elizabeth Marie Gabrielle Prinzessin von Bayern (geb. 1967). Aus dieser Verbindung gingen bislang eine Tochter und drei Söhne hervor. Bis 1996 arbeitete Erbprinz Alois als Wirtschaftsprüfer in Großbritannien. Anschließend kümmerte er sich in Liechtenstein um die Verwaltung des fürstlichen Vermögens, zu dem ein landwirtschaftlicher Großbetrieb in Niederösterreich, umfangreiche Ländereien und wertvolle Kunstschätze gehören.

Am 1. April 2008 ließ Hans-Adam II. im Auktionshaus Christie's in Amsterdam einen Teil der Antiquitäten versteigern, darunter zwei Globen aus der niederländischen Kartografenwerkstatt von Willem Janszoon Blaeu, die um das Jahr 1650 angefertigt wurden. Zu den weiteren Besitztümern der Fürstenfamilie zählt auch das Finanzunternehmen LGT Group mit der Bank Liechtenstein Global Trust und der LGT Treuhand AG. Die LGT Group unterhält weltweit 29 Repräsentanzen und beschäftigt über 1.300 Mitarbeiter.

Der Regierungschef von Liechtenstein heißt Otmar Hasler. Er hat vier Regierungsräte an seiner Seite, welche die Aufgaben von Ministern erfüllen. Das Parlament besteht aus 25 Abgeordneten und wird Landtag genannt. Die Fortschrittliche Bürgerpartei (FBP) hat zwölf, die Vaterländische Union (VU) zehn und die Freie Liste (FL) drei Sitze inne. Eine Quotierung gibt es nicht, nur fünf Parlamentarier sind weiblich. Ohnehin wurde das Frauenwahlrecht erst 1984 eingeführt. Der Landtag kommt etwa achtmal im Jahr für mehrere Tage zusammen, um die Gesetze zu beschließen. Die Debatten sind in der Regel öffentlich und werden in voller Länge im Fernsehen übertragen.

Die Mitspracherechte der Bevölkerung sind weitaus größer, als in jedem anderen Land: Bereits 1.000 Einwohner können einen Antrag auf Erlass, Änderung oder Aufhebung eines Gesetzes stellen. Wenn 1.500 Bürger dafür plädieren, muss eine Volksabstimmung über die Auflösung des Landtags durchgeführt werden. Um das Prozedere für eine Verfassungsänderung in Gang zu bringen oder um einen Misstrauensantrag gegen den Landesfürsten einzubringen oder um eine Initiative zur Abschaffung der Monarchie zu starten, sind ebenfalls nur jeweils 1.500 Stimmen notwendig. Sobald sich innerhalb einer Gemeinde die Mehrheit der wahlberechtigten Einwohner dafür ausspricht, darf gemäß Artikel 4 der Verfassung der komplette Ort aus dem Land austreten und sich mit dem gesamten Gemeindegebiet einem anderen Land anschließen. Als besondere Kuriosität ist in der Verfassung immer noch die allgemeine Wehrpflicht bis zum vollendeten 60. Lebensjahr verankert, obwohl das Land bereits seit dem Jahr 1868 keine Armee mehr hat.

Die Liechtensteiner Bevölkerung spricht einen alemannischen Dialekt des Hochdeutschen als Umgangssprache, die Amtssprache ist Deutsch. (Es gibt kein weiteres Land auf der Welt, in dem Deutsch die alleinige Amtssprache wäre. In der BRD beispielsweise sind die einzelnen Bundesländer durch die »Europäische Charta der Regional- und Minderheitensprachen« dazu verpflichtet, die Sprachen der in den Ländern jeweils ansässigen Volksgruppen wie Niederdeutsch, Friesisch, Dänisch und Sorbisch als offizielle zweite Amtssprachen zu verwenden.)

Das Fürstentum ist Mitglied der UNO und vom Europäischen Wirtschaftsraum (EWR), völkerrechtlich wird es von der Schweiz vertreten. Es gliedert sich in die zwei Wahlkreise. Der Wahlkreis Oberland entspricht der ehemaligen Grafschaft Vaduz, und der Wahlkreis Unterland umfasst das Gebiet der früheren Herrschaft Schellenberg. Zum Oberland gehören die Gemeinden Balzers, Planken, Schaan, Triesen, Triesenberg und Vaduz, zum Unterland die Dörfer Eschen, Gamprin, Mauren, Ruggell und Schellenberg. Das sind allesamt Orte, in denen durchaus die Hobbits Frodo Beutlin und Peregrin Tuk wohnen könnten.

Geschichte

Erste Wurzeln der Fürstenfamilie finden sich im 12. Jahrhundert. Ihr Name leitet sich von der Burg Liechtenstein ab. Sie steht noch heute in Maria Enzersdorf, nahe der Österreichischen Bezirkshauptstadt Mödling, der sogenannten »Perle des Wienerwalds«. Die Feste wurde 1136 erstmals urkundlich erwähnt und hat seitdem eine wechselvolle Geschichte hinter sich. Sie wurde mehrfach belagert und zerstört, abgerissen und wieder aufgebaut. Viele fremde Herren lösten sich ab. Erst seit 1807 befindet sich die Burg wieder im Besitz der Familie Liechtenstein.

Karl I., der von 1569 bis 1627 lebte, war ein mährischer Adliger, den der Erzherzog Matthias im Jahr 1608 in den Fürstenstand erhob. Karl I. wurde damit zum ersten Fürsten des Geschlechts derer zu Liechtenstein. Durch seine Nähe zum Hofe konnte er vom Kaiser Ländereien in Böhmen und Mähren kaufen. Er bekam sie günstig, denn die ehemaligen Besitzer waren in Ungnade gefallen und enteignet worden.

Die guten Geschäfte und das große Geschick von Karl I. bei der Geldvermehrung schweißten zusammen: Kaiser Ferdinand II. verpachtete ihm und vier weiteren Freunden (darunter der General der kaiserlichen Armee Albrecht Wenzel Eusebius von Wallenstein sowie der Bankier Hans de Witte) am 1. Februar 1622 für ein Jahr lang das königliche Münzprägerecht in Böhmen, Mähren und Niederösterreich.

Der Preis für dieses Privileg war für die damalige Zeit ungeheuer hoch gewesen – er betrug die kaum vorstellbare Summe von sechs Millionen Gulden –, aber der Einsatz lohnte sich. Die fünf Kumpane erhielten das Monopol für den Ankauf von Silber bei garantierten Festpreisen. Aus dem Silber wurden Münzen in Form der damals gültigen Gulden hergestellt. Nach und nach verminderte das Münzkonsortium den Silbergehalt und das Gewicht des Geldes. Ursprünglich wurden aus einer Mark Silber 19 Gulden geschlagen (die Mark war ein Münzgewicht und entsprach 230 Gramm), später wurden 79 Gulden daraus und schließlich 110 Gulden. In dem Maße, wie sich der Silber-Feingehalt der Gulden verschlechterte, stieg der Gewinn des Münzkonsortiums, das insgesamt 30 Millionen Gulden prägen ließ. Eine Inflation riesigen Ausmaßes war die Folge. Breite Bevölkerungsschichten verarmten.

Fürst Hans-Adam II. von und zu Liechtenstein

Karl I. hingegen machte den großen Reibach. Er starb am 12. Februar 1627 zufrieden im eigenen Bett, das in seinem Prager Stadtschloss stand. Seinem ältesten Sohn hinterließ er ein großes Vermögen. Die Erbfolge im Fürstengeschlecht war klar geregelt. Sie besagte, dass immer der erstgeborene Sohn vom regierenden Fürsten das Recht auf den Titel übernehmen sollte.

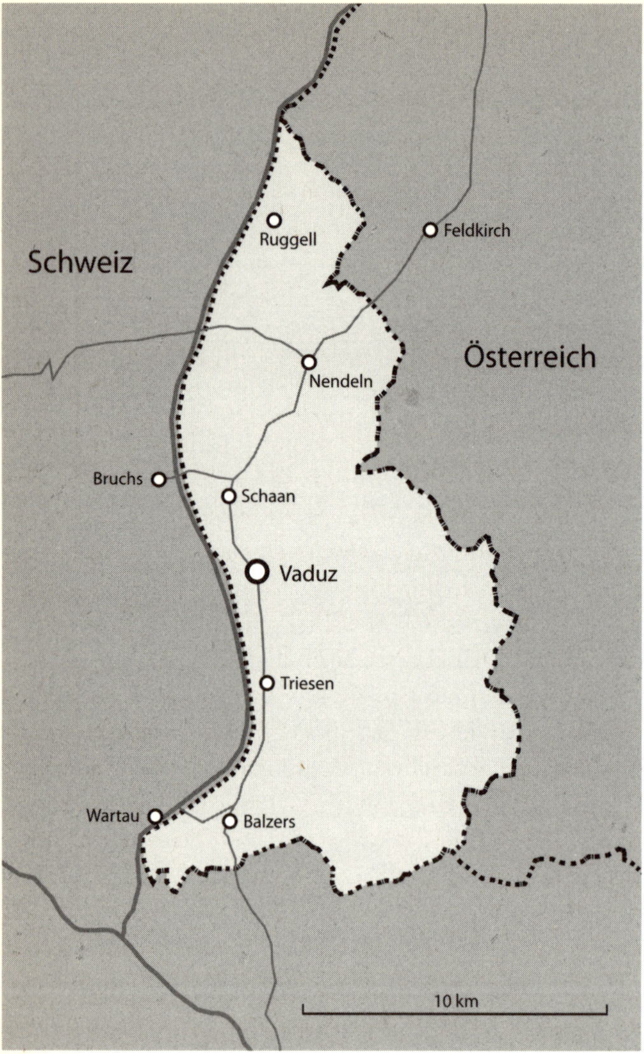
Schweiz
Ruggell
Feldkirch
Österreich
Nendeln
Bruchs
Schaan
Vaduz
Triesen
Wartau
Balzers
10 km

Zwei anderen ehemaligen Mitgliedern im Münzkonsortium erging es weit weniger gut. General von Wallenstein geriet in Ungnade. Er wurde entehrt, seines Vermögens beraubt und fiel am 25. Februar 1633 in Eger einem Mordkomplott zum Opfer. Den Anschlag hatten irische und schottische Offiziere angezettelt. Über 150 Jahre ruhte der General in Unfrieden. Dann machte ihn Friedrich Schiller mit der Dramen-Trilogie »Wallensteins Lager, Die Piccolomini und Wallensteins Tod« unsterblich (wovon der General selbst allerdings nichts mehr hatte).

Dem Bankier Hans de Witte war der Erfolg mit dem Münzkonsortium zu Kopf gestiegen. Er missachtete die klugen Ratschläge seines Freundes Karl I. und investierte in dubiose Geschäfte. De Witte wurde ruiniert und wusste keinen Ausweg mehr. Am 11. September 1630 beging er auf äußerst ungewöhnliche Weise Selbstmord: Er stürzte sich in einen Brunnen hinter seinem Haus. So lautete jedenfalls die offizielle Version. Viel wahrscheinlicher ist jedoch, dass ein zorniger Gläubiger nachgeholfen hatte.

Die Nachkommen von Karl I. indes verwalteten die Hinterlassenschaft klüger, als dies in vielen anderen Adelsgeschlechtern der Fall war, die im Laufe der Zeit sang- und klanglos von der Bildfläche verschwanden. Der Enkel von Karl I., Fürst Adam I. (1657–1712), kaufte beispielsweise 1699 das Gebiet um Schellenberg und 1712 die Grafschaft Vaduz nebst dem gleichnamigen Schloss. Am 23. Januar 1719, knapp 100 Jahre nach dem Tod des Fürsten Karl I., erließ Kaiser Karl VI. eine »Diplom« genannte amtliche Verlautbarung, mit der er die zusammengestoppelten Ländereien zum Fürstentum Liechtenstein erhob. (Bis zur Auflösung des Heiligen römischen Reichs deutscher Nation im Jahr 1806 wurden die Herrschaftsgebiete von sogenannten »reichsunmittelbaren Reichsständen« mit einem Fürsten als Oberhaupt »Fürstentümer« genannt.) Andere bekannte Fürstentümer wie das Fürstentum Lüneburg, das Fürstentum Bayreuth und das Fürstentum Ratzeburg gingen unter – das Fürstentum Liechtenstein überdauerte alle Wirren bis zum heutigen Tag.

Während anderswo in Europa raue Winde bliesen, wehte in Liechtenstein kaum mehr als ein laues Lüftchen. Zu Zeiten der Napoleonischen Kriege wurde es zwar erst von den Franzosen und später von den Österreichern besetzt, aber nie auf Dauer annektiert. Danach verloren fremde Mächte völlig ihr Interesse an dem damals äußerst rückständigen und hoch verschuldeten Agrarland, in dem kaum mehr als Feld- und Weinbau, Alpenwirtschaft sowie Rinderzucht betrieben wurde. An Fabriken gab es nur einige Baumwollspinnereien und Webereien ohne große wirtschaftliche Bedeutung.

Im Zuge der Neuordnung von großen Teilen Europas wurde das Fürstentum Liechtenstein am 12. Juli 1806 als unabhängiger Staat in den Rheinbund und 1815 in den Deutschen Bund aufgenommen. Seit 1866 ist es staatsrechtlich souverän. Trotzdem blieben die Fürsten noch lange Zeit außer Landes. Sie regierten die Täler und Hügel lieber von einem Wiener Palais aus.

Bis zum Ende des I. Weltkrieges bildete Liechtenstein mit der k.u.k. Monarchie in Österreich-Ungarn eine Zweckgemeinschaft. Nach dem Zerfall des Kaiserreichs verbündete es sich mit der Schweiz. Es übernahm die Schweizer Franken als Währung und ging mit der Eidgenossenschaft eine Zollunion ein.

Parallel dazu erfolgte der Umbau von einem Agrarland in einen internationalen Finanzplatz. Bereits in den zwanziger Jahren des vorigen Jahrhunderts führte Liechtenstein ein Steuersystem ein, das vor allem Ausländer begünstigte. Sie konnten zur sogenannten Förderung der Kapitalbildung steuerbegünstigte Stiftungen, Vereine, Treuhandunternehmen, Aktiengesellschaften und Genossenschaften gründen.

Das System funktionierte schon damals gut. Bereits im Jahr 1931 berichteten die Leipziger Neuesten Nachrichten über das Fürstentum im Stile heutiger aktueller Meldungen: »Das Land der geflüchteten Millionen.«

Obwohl es mit der kleinen Nation spürbar aufwärts ging, blieben die Fürsten weiterhin in ihrem Palais in der Donaumetropole wohnen und genossen den morbiden Reiz des zerfallenen Vielvölkerstaats. Das ging gut bis zum Anschluss von Österreich an das Deutsche Reich. Fürst Franz Josef II. (1906–1989) verlor sehr bald seine Freude am Wiener Charme. 1938, kurz nach der Annektion, verlegte er seinen ständigen Wohnsitz nach Vaduz ins Schloss. Die Familie ist seitdem dort geblieben.

Mit Beginn des II. Weltkriegs wurde die Bindung des kleinen Landes an die Schweiz noch enger. Diese Symbiose rettete Liechtenstein vor der Besetzung durch die Deutsche Wehrmacht. Das Nazireich brauchte die Schweiz, weil es dort seine Geldgeschäfte abwickeln und Verhandlungen auf neutralem Boden führen konnte. Um diesen Zweck nicht zu gefährden, musste das kleine Liechtenstein ebenfalls verschont bleiben. Trotzdem war es für den Endsieg nicht völlig bedeutungslos. Die Press- und Stanzwerke Presta stellten Patronenhülsen für die Deutsche Rüstungsindustrie her, und die Hilti AG produzierte unter dem Motto »Räder rollen für den Sieg« Zündkerzen für Automobilzulieferer wie die Robert Bosch GmbH.

Finanzmarkt

Heutzutage erbringt der liechtensteinische Finanzsektor mehr als die Hälfte der Staatseinnahmen. Jeder zweite Beschäftigte ist als Bankdienstleister oder im Treuhandgeschäft tätig. Ein Großteil der übrigen Beschäftigten arbeitet im Maschinen-, Geräte- und Anlagenbau. Zu den wichtigsten Zweigen im industriellen Sektor gehört die Produktion von Heizkesseln, Lüftungssystemen, Präzisionsinstrumenten, Fertigwaren der Nahrungsmittelindustrie sowie Zahntechnik.

Seit Längerem herrscht ein akuter Fachkräftemangel. Die Arbeitslosenquote im Land liegt bei 2,2 Prozent. Dies bedeutet, dass jeder Einheimische, der sich betätigen möchte, problemlos eine Stelle findet. Es gibt staatlich festgelegte Mindestlöhne. Für einen ungelernten Arbeiter beispielsweise muss das Monatseinkommen umgerechnet mindestens 1.600 Euro betragen. Von solchen Summen können die Deutschen nur träumen.

Von den 35.000 Einwohner besitzen ein Drittel eine andere Staatsangehörigkeit und sind damit nicht wahlberechtigt. Alle Ausländer, die darüber hinaus in Liechtenstein arbeiten möchten, benötigen eine Aufenthaltsbewilligung. Diese wird jedoch nur in Ausnahmefällen erteilt. Der Grund ist ganz einfach. Die Regierung will ein ausgewogenes Verhältnis zwischen den Einheimischen und den Ausländern wahren. Die meisten Fremden wohnen deshalb in Österreich oder der Schweiz. Täglich kommen 13.000 Pendler per Bus, Auto oder Bahn angereist. Wegen der kurzen Entfernungen stellt das kaum ein Problem, sondern lediglich nur eine Kostenfrage dar. Speziell die Deutschen in Liechtenstein hat es schlecht getroffen. Wenn sie in Liechtenstein arbeiten und in der BRD ihren Hauptwohnsitz haben, müssen sie in beiden Staaten Steuern zahlen, weil zwischen den beiden Ländern kein Doppelbesteuerungsabkommen besteht. Ebenso gibt es in Liechtenstein keine doppelte Staatsbürgerschaft, aber es bestehen Pläne, sie zukünftig zuzulassen.

Die Durchschnittslöhne liegen bei 42.000 Euro im Jahr. Jeder Einwohner erwirtschaftet – statistisch gesehen – ein Bruttoinlandsprodukt von knapp 169.000 Schweizer Franken. Damit ist Liechtenstein mit weitem Abstand das reichste Land der Welt. Auf Platz zwei folgt Luxemburg und auf Platz neun die USA. Deutschland rangiert weit abgeschlagen irgendwo auf Platz 20.

Die Kehrseite der Medaille ist, dass Liechtenstein zu den europäischen Ländern mit den höchsten Lebenshaltungskosten gehört. Viele Einwohner tun deshalb das Gleiche, wie viele Deutsche im grenznahen Raum: Sie fahren regelmäßig in die Nachbarstaaten, um einzukaufen.

Trotzdem, dass Liechtenstein nur ein kleines Land ist, gibt es dort mehrere Fußballklubs. Der bekannteste ist der FC Vaduz, der bereits im Jahr 1931 gegründet wurde. Er spielt in der Axpo Super League, der ersten Schweizer Liga, und verfügt über ein eigenes Stadion, das 1988 für 17 Millionen Franken errichtet wurde. Zu den Sponsoren des Vereins zählen u.a. die Landesbank LLB und die MBPI AG-Vermögensverwaltung, die den Ankauf teurer Spieler im Ausland ermöglichen. In der Selbstdarstellung des Unternehmens heißt es: » Die MBPI AG ist ein unabhängiges Family Office, das internationale Verwaltungsmandate in den Bereichen Immobilien, Private Equity, klassische Vermögensverwaltung und Philanthropie betreut. Seit 2001 hat die Gesellschaft ihren Sitz in Triesen, von wo aus die weltweiten Tätigkeiten koordiniert werden.«

Die Investitionen der Finanzmanager in einen Fußballklub sind sicherlich auch dem sportlichen Interesse geschuldet. In jüngerer Zeit geht es ihnen aber hauptsächlich darum, das beschädigte Image des Landes aufzubessern.

Die Folgen des Finanzskandals

Liechtenstein war durch die Steueraffäre ein immenser Schaden entstanden. Ein Land, das seine Bankgeheimnisse nicht bewahren kann, ist nicht länger vertrauenswürdig.

Viele Geldanleger zogen deshalb schnellstens ihre Guthaben ab und schichteten sie um. Neue Kunden machten sich rar. Plötzlich wurde Singapur als neuer Finanzplatz interessant. Für das Fürstentum bedeutete das eine Katastrophe, auch wenn es gute Kontakte nach Asien hat. Binnen weniger Wochen verlor die LGT-Group Kundengelder in Höhe von 100 Millionen Schweizer Franken. Später meldeten etliche Anleger Schadensersatzforderungen in Höhe der zu erwartenden Geldstrafen und Steuernachzahlungen an. In der Bundesrepublik hatte es nämlich im Jahr 2004 eine vom Bundesfinanzministerium ausgerufene Amnestie gegeben. Im Ausland deponierte Konten und Anlagen konnten damals zu einem günstigen Zinssatz nachdeklariert werden. Wenn sie – so lautete die Argumentation der Kunden – über den Datendiebstahl im Jahr 2002 und die damit verbundenen Risiken informiert worden wären, hätten sie die Amnestie genutzt und keinen finanziellen Schaden erlitten.

Der Erbprinz Alois von und zu Liechtenstein ließ deshalb auch alle durchlauchtige Zurückhaltung fallen, als er während einer Pressekonferenz am 19. Februar 2008 in unmittelbarer Reaktion auf die Verhaftung von Klaus Zumwinkel sagte: »Wir lehnen das Vorgehen der deutschen Regierung und ihrer Behörden entschieden ab. Wenn die Medieninformationen stimmen, dann hat der deutsche Finanzminister und eine Reihe von Staatsbediensteten einem verurteilten Rechtsbrecher mehrere Millionen für gestohlene Daten zukommen lassen. Wie noch Regierungschef-Stellvertreter Dr. Klaus Tschütscher in seiner Funktion als Justizminister ausführen wird, wäre eine solche Vorgehensweise in Liechtenstein sowie in etlichen anderen Staaten rechtlich völlig undenkbar. Bei uns können fiskalische Interessen nicht über rechtsstaatliche Prinzipien gestellt werden.«

Anschließend verwies der Erbprinz auf eine gravierende Lücke im deutschen Recht: »Seit wann ist es für deutsche

Staatsbürger verboten, ihr Vermögen in Stiftungen einzubringen?«

In der Tat gibt es kein Gesetz, das es den Menschen untersagen würde, ihr Geld im Ausland anzulegen. Ebensowenig hatte Liechtenstein gegen bilaterale Abkommen verstoßen, als es die Devisengeschäfte tätigte. Der Pflichtverstoß lag eindeutig bei der Bundesrepublik Deutschland. Die deutschen Behörden hatten vertrauliche Informationen veröffentlicht, die ihr aus einer kriminellen Quelle zugeflossen waren. Das war ein klarer Verstoß gegen den Datenschutz.

Wenige Tage nach der Pressekonferenz kommentierte das Hamburger Abendblatt die Affäre wie folgt:

»Steinbrück:
Die Liechtenstein-CD war das Geschäft meines Lebens.
Berlin/Vaduz
Bundesfinanzminister Peer Steinbrück (SPD) hat den Kauf der Liechtensteiner Daten zur Aufklärung von Steuerhinterziehungen als »das Geschäft meines Lebens« bezeichnet. ›Gut vier Millionen Euro Investition und erwartete 300 Millionen Euro Ertrag. Sensationell! Und jeder sieht: Auch die da oben müssen sich an die Regeln halten, die für alle gelten‹, sagte der Minister der »Frankfurter Rundschau«. Steinbrück wies Kritik zurück, der Kauf der Daten-CD durch den Bundesnachrichtendienst (BND) sei nicht legal gewesen. ›Das haben wir prüfen lassen.‹«

Hamburger Abendblatt, 3. März 2008

Zum Schluss der Pressekonferenz vom 19. Februar 2008 legte das Staatsoberhaupt den Finger auf einen weiteren wunden Punkt: »Wie ich gestern den deutschen Medien entnehmen konnte, hat eine internationale Studie das deutsche Steuersystem als das schlechteste weltweit eingestuft, noch nach Haiti. Deutschland sollte seine Steuergelder besser dafür einsetzen, um sein Steuersystem in den Griff zu bekommen, als Millionenbeträge für Daten auszugeben, deren rechtliche Verwertbarkeit zweifelhaft ist. Eine andere Studie hat nämlich gezeigt: Je bürgernäher und demokratischer ein Staat organisiert ist, desto weniger Probleme hat er mit seinen Steuerzahlern.«

Mit dieser Ansicht hatte der Erbprinz hundertprozentig Recht. Die Steuerhinterziehung ist in Deutschland nur deshalb zum Volkssport geworden, weil es keine Steuergerechtigkeit gibt. Während im Jahr 1989 der Spitzensteuersatz noch 56 Prozent betragen hatte, wurde er ab dem Jahr 2005 auf 42 bzw. 45 Prozent abgesenkt. Bei einem Spitzenverdiener, der ein Million Euro im Jahr verdient, würde dies grob gerechnet bedeuten, dass er 100.000 Euro weniger an Steuern zu zahlen hat.

Weshalb wurde der Steuersatz gesenkt? Weil der Staat weniger Steuern braucht? Sicherlich nicht. Dagegen spricht beispielsweise die Tatsache, dass im Jahr 2007 die Umsatzsteuer von 16 auf 19 Prozent angehoben wurde. Von einer höheren Umsatzsteuer sind jedoch überproportional die unteren Einkommensschichten betroffen, weil sie den größten Teil ihrer Bezüge ausgeben müssen, um ihre Grundbedürfnisse zu befriedigen.

Die Einkommensmillionäre hingegen geben nur einen geringen Teil ihrer Einkünfte für den Konsum aus. Den Rest können sie umsatzsteuerfrei in gewinnbringende Geldanlagen stecken. Untersuchungen haben weiterhin ergeben, dass über die Hälfte der Einkommensmillionäre überhaupt keine Einkommenssteuern bezahlen, weil diese Superreichen von ihren Einnahmen ganz legal eine Vielzahl von Freibeträgen, Verlustabzügen, Vorsorgeaufwendungen

Bei der LGT-Bank in Vaduz fühlten sich deutsche Steuersünder sicher.

Man habe sich mit den betroffenen LGT-Kunden 2002 nicht in Verbindung gesetzt und sie über den Diebstahl informiert, bestätigte ein LGT-Sprecher. „Der Mitarbeiter hatte uns glaubhaft versichert, dass er alle von ihm entwendeten Datenkopien zurückgegeben hat. Wir hatten daher das gute Gefühl und die Überzeugung, dass die Daten nicht nach außen gegeben worden sind." Offensichtlich aber hatte der Erpresser doch eine Sicherheitskopie zurückbehalten.

Die klagewilligen Steuersünder verweisen nun auf eine im Jahr 2004 ausgerufene Amnestie des Bundesfinanzministeriums. Im Ausland verstecktes Schwarzgeld habe damals zu einem Vorzugssatz bei den deutschen Finanzbehörden nachgemeldet und damit legalisiert werden können. Die Anleger seien von der LGT-Bank damals aber wider besseren Wissens im Glauben gelassen worden, ihr Geld sei in Liechtenstein weiterhin sicher, argumentieren die künftigen Kläger. Deshalb müsse nun die LGT-Bank für die Differenz zwischen der damals möglichen Amnestiepauschale und der jetzt aufgelaufenen Steuernachforderung aufkommen.

Berliner Zeitung, 22.07.2008

etc. abziehen können. Die Tipps dazu geben ihnen gewiefte Steuerberater, die auf ihrem Spezialgebiet häufig besser Bescheid wissen, als die von der Rechtsflut überforderten Beamten im Finanzamt.

Sehr viele Menschen hierzulande erzielen aber tatsächlich ein solch geringes Einkommen, dass sie unter dem Steuerfreibetrag von 7.664 Euro im Jahr liegen. Sie müssen zwar keine Steuern zahlen, haben jedoch im Prinzip eine negative Steuerlast zu tragen, die irgendwie ausgeglichen werden müsste. Die britische Ökonomin Juliet Evangeline Rhys-Williams (1898–1964) hatte bereits in den vierziger Jahren des vorigen Jahrhunderts die Idee, dass diese negative Steuerlast durch Zuzahlungen vom Staat kompensiert werden sollte, um einen größere Steuergerechtigkeit zu erreichen.

Sicherheit im Zeichen der Burg: In Liechtenstein schlummert viel Geld.

GENF. Liechtenstein will es reichen Ausländern schwerer machen, über Konten im Fürstentum Steuern zu hinterziehen. Sein Land sei bereit, mit anderen Staaten bei der Bekämpfung der Steuerhinterziehung zusammenzuarbeiten, sagte der Liechtensteiner Regierungschef Otmar Hasler der Financial Times. Das strenge Bankgeheimnis des Landes werde die Regierung aber nicht antasten. *(AFP)*

Berliner Zeitung, 16./17.08.2008

Der Finanzexperte und CDU-Politiker Friedrich Merz vertrat eine andere interessante Meinung: »Die Bundesregierung hat in den letzten vier Jahren über 40 Steuergesetze und über 60 Rechtsverordnungen bzw. Richtlinien auf den Weg gebracht... Nach meinem Dafürhalten sind gerade nicht die mehr oder weniger kunstvollen Korrekturen an den Steuersätzen notwendig, um die Steuerpflichtigen zu einer als gerecht und angemessen empfundenen Steuerlast zurückzugewinnen. Es geht vielmehr um eine konsequente Vereinfachung unseres Steuerrechts.« [18]

Im Bundeswahlkampf des Jahres 2005 spielte bei der CDU das Thema Steuern eine zentrale Rolle. Der ehemalige Verfassungsrichter Paul Kirchhof, Leiter der Forschungsgruppe Bundessteuergesetzbuch an der Universität Heidelberg, wurde in das sogenannte Kompetenzteam der CDU aufgenommen. Kirchhof plädierte für eine wesentliche Vereinfachung des Steuerrechts, einen Wegfall der diversen Abzugsmöglichkeiten und einen einheitlichen Steuersatz von 25 Prozent. Nachdem die CDU die Wahl gewonnen und die Bundeskanzlerin gestellt hatte, wandte sie sich wieder anderen Themen zu. Parallel dazu wurde, wie oben schon erwähnt, der Spitzensteuersatz abgesenkt und die Umsatzsteuer erhöht.

Vorsichtiges Taktieren

Bekanntlich reicht es nicht aus, Recht zu haben, man muss auch die Möglichkeit besitzen, es durchsetzen zu können. Von liechtensteiner Seite aus ist der offensichtliche Verstoß Deutschlands gegen den Datenschutz völkerrechtlich nicht ohne weiteres zu ahnden. Es gibt zwar eine Europäische Datenschutzrichtlinie, die aber nur für Mitgliedsstaaten der Europäischen Union bindend ist. Liechtenstein als EWR-Land gehört der EU nicht an. Aus diesem Grund kann es auch nicht die Artikel-29-Datenschutzgruppe, ein unabhängiges Gremium der EU in Fragen des Datenschutzes, anrufen. Das Fürstentum könnte sich nur auf die Europäische Datenschutzkonvention berufen. Dieser völkerrechtliche Vertrag besitzt aber lediglich empfehlenden Charakter und ist deshalb für die Verfolgung von akuten Rechtsverstößen denkbar ungeeignet.

Wenige Tage nach der Verhaftung von Klaus Zumwinkel besuchte der Liechtensteiner Regierungschef Otmar Hasler Deutschland, um zu verhandeln. Es entstand der Plan, die Einlagen von allen deutschen Privatpersonen und Unternehmen in Liechtensteiner Banken anonym zu versteuern und die sogenannten Quellsteuern direkt nach Deutschland abzuführen. Für Deutschland könnte das zusätzliche Einnahmen in Höhe von einer Milliarde Euro jährlich bedeuten. Gleichzeitig würde damit der Druck auf die EU-Länder Luxemburg, Österreich und Belgien erhöht, weil sich diese Staaten bislang weigern, Bankdaten von Ausländern herauszugeben.

Der Erbprinz Alois von und zu Liechtenstein lenkte vorsichtig ein, als er am 15.04.2008 öffentlich über eine mögliche Zusammenarbeit mit Deutschland erklärte: »Auch in

Liechtenstein kann die geschützte Privatsphäre niemals Refugium für Kriminalität sein. Im Bereich der Geldwäsche und der Terrorfinanzierung arbeiten wir seit vielen Jahren sehr effizient zusammen. Wir haben in den letzten Jahren auch im Bereich der Steuern weitere Schritte gesetzt. Berechtigter Informationsaustausch und Rechtshilfe kann man so gestalten, dass der Schutz der Privatsphäre nicht automatisch ausgehebelt wird.«

Klage vor dem IGH

Möglicherweise war jedoch die Verhaftung von Klaus Zumwinkel nur ein Mittel zum Zweck gewesen, um den Starrsinn des Fürstentums in einer ganz anderen Sache zu brechen, frei nach dem Motto »Man schlägt den Sack, meint aber den Esel«.

Im Jahr 2001, nach langen, gescheiterten Verhandlungen, hatte Liechtenstein die Bundesrepublik Deutschland vor dem Internationalen Gerichtshof (IGH) in Den Haag verklagt. (Der IGH ist das Hauptrechtssprechungsorgan der Vereinten Nationen und kann nur von Staaten angerufen werden.)

Es ging um liechtensteinisches Auslandsvermögen, das nach dem Ende des II. Weltkriegs von der Tschechoslowakei entschädigungslos enteignet worden war. Die abenteuerliche Begründung lautete damals: Die Liechtensteiner würden unabhängig von ihrer Neutralitätspolitik im II. Weltkrieg und ihrer eigenen Staatsbürgerschaft die deutsche Nationalität besitzen. Sie seien deshalb als Feinde des tschechischen und slowakischen Volkes anzusehen. Damit würden sie unter die sogenannten Benes-Dekrete fallen und seien entschädigungslos zu enteignen. Bei den beschlagnahmten Gütern handelte es sich um beträchtlichen Land-

und Forstbesitz, Häuser, Schlösser mit Inventar, wertvolle Kunstgegenstände sowie Industriebetriebe.

1992 löste sich die CSSR auf, es entstanden die Tschechische und die Slowakische Republik. In späteren Verhandlungen mit diesen beiden Ländern vertrat Deutschland die Meinung, dass jener Besitz, der liechtensteinischen Staatsbürgern weggenommen worden war, ab sofort wie deutsches Auslandsvermögen zu behandeln und auf Reparationsleistungen anzurechnen sei.

Liechtenstein reagierte mit Empörung. Es wollte sich nicht damit abfinden, auch wenn es weniger um den materiellen Besitz an sich, sondern mehr um das Recht an einem Recht ging. Zum eigentlichen Auslöser des Konflikts wurde schließlich ein Gemälde aus dem Besitz der Fürstenfamilie. Das Bild »Szene an einem römischen Kalkofen« des niederländischen Malers Pieter van Laer im Wert von rund 250.000 Euro hatte jahrzehntelang als verschollen gegolten. Völlig überraschend war es in einer Kölner Ausstellung als tschechische Leihgabe aufgetaucht.

Liechtenstein meldete Eigentumsansprüche an. Der Fürst berief sich auf die sogenannte Washingtoner Erklärung über die Rückführung von Beutekunst und zog, als dies nicht fruchtete, bis vor den Bundesgerichtshof und das Bundesverfassungsgericht. Die Klage wurde abgewiesen. Nach Meinung der Richter fehlte es an einer verbindlichen juristischen Grundlage. Die Bundesrepublik hatte zwar eine Erklärung zur Beutekunst abgegeben, in der es hieß, sie habe die Absicht »nach NS-verfolgungsbedingt entzogenem Kulturgut zu suchen und gegebenenfalls die notwendigen Schritte zu unternehmen, eine gerechte und faire Lösung zu finden.« Aus einer Absichtserklärung folgt jedoch kein einklagbarer Rechtsanspruch. Darüber hinaus würden andere verbindliche internationale Vereinbarungen dagegen stehen.

Daraufhin erhob das Fürstentum die eingangs erwähnte Feststellungsklage beim IGH. Es drehte sich um die Klärung von zwei wichtigen Fragen:

1. Wurden durch Deutschland die Regeln des Völkerrechts verletzt?
2. Hat die BRD eine Entschädigungsleistung an Liechtenstein für die erlittenen Schäden und Verluste zu leisten?

Der Internationale Gerichtshof in Den Haag prüfte vier Jahre lang die Akten und zog sich dann elegant aus der Affäre, indem er sich am 10. Februar 2005 für unzuständig erklärte.

Damit ist die Sache aber längst nicht zu Ende. Liechtenstein will nicht aufgeben und den Fall durch ein anderes Gericht entscheiden lassen. Die Bundesregierung hingegen möchte, daß endlich Ruhe einzieht. An einer gerichtlichen Lösung hat Deutschland nicht das geringste Interesse. Abgesehen von dem negativen Image könnten nämlich Schadensersatzansprüche entstehen, gegen die Zumwinkels Zinsen wie Peanuts wirken.

5. Kapitel

Die Farm der Tiere

»Grund und Boden, Naturschätze und Produktionsmittel können zum Zwecke der Vergesellschaftung durch ein Gesetz, das Art und Ausmaß der Entschädigung regelt, in Gemeineigentum oder in andere Formen der Gemeinwirtschaft überführt werden.«

Grundgesetz der Bundesrepublik Deutschland, Artikel 15

Ein Staat ist kein freundliches, weises Väterchen mit einem langen Bart, das seine Bürger liebevoll wie kleine Kinder im Schoße hält und ihnen sämtliche Wünsche von den Augen abliest. Aber ein Staat existiert auch nicht nur zu dem einzigen Zweck, den oberen Zehntausend die besten Pfründe zuzuschanzen und seinen übrigen Einwohnern das Geld in Form von Abgaben und Steuern aus der Tasche zu ziehen.

Ein moderner Staat in Form einer Demokratie muss aus der Sicht der Mehrzahl seiner Bürger zwei wichtige Aufgaben erfüllen: Zum einen hat er die Bevölkerung vor Angriffen von außen und innen (durch feindliche Mächte bzw. kriminelle Elemente) zu schützen. Zum anderen muss er das Miteinanderleben der Einwohnerschaft organisieren. Der Staat tut dies, indem er verbindliche Regeln aufstellt, die für alle Landeskinder gelten. Er trägt weiterhin die Verantwortung dafür, dass die Menschenrechte auf Arbeit, ärztliche Versorgung, Bildung, Kleidung, Nahrung, soziale Sicherheit und Wohnung erfüllt werden. Der Staat hat sich schließlich darum zu kümmern, dass seine Bürger mit Wasser und mit Strom versorgt werden. Damit sie sich auch freizügig im Land bewegen können, müssen ihnen Straßen und öffentliche Verkehrsmittel zur Verfügung stehen.

Soweit die Idealvorstellungen. Aber bereits Abraham Lincoln (1809–1865) wusste: »Staatskunst ist die kluge Anwendung persönlicher Niedertracht für das Allgemeinwohl.« Und George Orwell (1903–1950) schrieb in seinem satirischen Roman Farm der Tiere: »Alle Tiere sind gleich. Aber manche sind gleicher.« In den meisten Staaten ist es so, dass sie irgendwann zu Selbstbedienungsläden für die herrschende Kaste entarten. Damit beginnt der Niedergang dieser Gesellschaftsform. Die geschichtliche Erfahrung zeigt, dass eine Minderheit auf Dauer keine Mehrheit unterdrücken kann. Im Extremfall schrumpfen dann 1.000 Jahre auf etwas mehr als ein Jahrzehnt zusammen.

Monopoly

Wer schon einmal Monopoly gespielt hat, weiß wie wichtig es ist, das Wasserwerk, das Elektrizitätswerk und die Bahnhöfe zu besitzen. Das Spiel wurde bereits Anfang des 20. Jahrhundert von der Amerikanerin Elizabeth Magie Phillips (1866–1948) entwickelt. Sie hat es sich am 5. Januar 1904 unter dem Namen The Landlords Game patentieren lassen. Nach den Intentionen der Erfinderin sollte es weitaus mehr sein, als ein simples Brettspiel. Elizabeth Magie Phillips wollte auf leicht verständliche Weise plastisch machen, welche Gefahren vom monopolistischen Privateigentum ausgehen.

Das Ziel von Monopoly besteht bekanntlich darin, die übrigen Mitspieler durch hohe Mieten und Hypotheken zu ruinieren und ihnen ihr gesamtes Eigentum abzuknöpfen. Die Spielstruktur ist so angelegt, dass es keine Pattsituation geben kann. Einer wird gewinnen. Doch der Erfolg schmeckt schal. Dem Sieger gehört zwar am Ende alles. Er hat die kleine Welt auf dem bunten Pappquadrat für sich allein, mit all ihren Straßenzügen und Hotels. Aber er kann mit ihr nichts mehr anfangen. Sie ist ausgestorben. Alle Freunde haben ihn verlassen. Er bleibt einsam zurück. Sein ganzer Reichtum ist nichts mehr wert. Die Spielzeit – und damit sinnbildlich die Lebenszeit – wurde vertan.

Auch den Gründervätern der Bundesrepublik Deutschland war aus den geschichtlichen Erfahrungen seit der Reichsgründung von 1871 völlig bewusst, dass der Staat eines gut geordneten Gemeineigentums bedarf, um seine Aufgaben vernünftig erfüllen zu können. Doch dieses Wissen scheint im Laufe der Zeit verloren gegangen zu sein. Durch eine unaufhaltsame Flut von Gesetzen und Verordnungen wird einerseits versucht, auch den allerkleinsten Lebenssachverhalt bis ins Detail zu regeln. Der Überwachungsstaat dringt mit Mikrofonen und Kameras selbst in die Schlafzimmer vor, währenddessen auf den Straßen die öffentliche Sicherheit beständig zurückgeht. So wie bei der Polizei und bei der Justiz immer mehr Stellen eingespart werden, zieht sich der Staat gnadenlos von anderen wichtigen Pflichtaufgaben zurück. Die Gesundheitsfürsorge wird gleichzeitig immer schlechter und immer teurer. Wer arm ist, stirbt im Durchschnitt fünf Jahre früher. Das Recht auf Arbeit und das Recht auf soziale Sicherheit stehen zwar in den Artikeln 22 und 23 der Menschenrechtserklärung der Vereinten Nationen, sind aber selbst in unserem sogenannten Sozialstaat nicht einklagbar. Im Bildungsbereich rangiert Deutschland unter »ferner liefen«. Die staatlichen Wasser- und Elektrizitätswerke wurden ebenso privatisiert wie die Eisenbahn und die Post.

Die staatseigenen Unternehmen, die über Jahrzehnte mit Steuergeldern solidarisch aufgebaut wurden, boten früher allen Bevölkerungsteilen verbilligte Leistungen an. Die Betriebe konnten damit einen Beitrag für die Umverteilung der Gewinne von oben nach unten leisten. Darüber hinaus ermöglichten sie, die wirtschaftliche Entwicklung gezielt zu lenken und ließen korrigierende Eingriffe in Krisenmomenten zu.

Privatisierte Staatsbetriebe hingegen sind weder fähig, noch willens, die ihnen übertragenen zentralen Dienste zu erschwinglichen Preisen und in genügender Qualität zur Verfügung zu stellen. In guten Zeiten erhöhen die Konzerne ständig die Preise mit der Behauptung, sie müssten Rücklagen für schlechte Zeiten bilden, o. a. nutzen andere hinlänglich bekannte Argumente. Wenn die schlechten Zeiten dann tatsächlich angebrochen sind, dreht sich die Preisspirale ungerührt weiter nach oben, weil es der Markt angeblich so fordern würde.

Im Zusammenhang mit der dritten Ölkrise, die im Jahr 2007 begann und bei der die Rekordhöhen der Ölpreise im Jahr 2008 die globale Wirtschaft bedrohten, wurde dies ganz besonders deutlich. Kein einziger der unzähligen Wirtschaftsweisen wusste eine vernünftige Antwort auf die Frage, was eigentlich den rasanten Preisanstieg verursacht hatte. Waren Spekulanten dafür verantwortlich? Lag es an den schrumpfenden Lagerstätten? Oder war der steigende Bedarf in Ländern wie China und Indien der Auslöser? Es herrschte allgemeine Ratlosigkeit. Wer die Ursache einer Krise nicht kennt, kann sie nicht bekämpfen. Die großen Industrienationen erschöpften sich in eilig einberufenen Konferenzen, zu vernünftigen Reaktionen waren sie nicht fähig. In Deutschland wurden die vehement erhobenen Forderungen nach Senkung des Steuersatzes auf Kraftstoffe abgelehnt. Die meisten Experten waren der Meinung, dass eine Steuersenkung nur eine kurzzeitige Entlastung für die Bürger bringen könnte, weil sie kurz darauf von der nächsten Preissteigerung kompensiert werden würde. Dies ließe sich u. a. daran erkennen, dass die Benzinpreise in Europa trotz unterschiedlicher Steuerraten nahezu gleichauf lägen. Bundesverkehrsminister Tiefensee (SPD) hatte die wahrhaft Schuldigen ausgemacht: »Der eigentliche Skandal ist die permanente Erhöhung der Benzinpreise durch die Mineralölkonzerne.« [19]

Eine ganz einfache Strategie wäre sehr wirkungsvoll gewesen, wenn der Staat noch die Möglichkeit dazu gehabt hätte – aber er hatte sie nicht mehr: Den umfassenden Ausbau des öffentlichen Personennahverkehrs bei gleichzeitigem Senken der Fahrpreise für Bus und Bahn bis hin zum Freifahrtschein. Wenn dies im selben Rhythmus wie die Erhöhung der Spritpreise geschehen wäre, hätte dies vor allem die Berufspendler entlastet und gleichzeitig einen Anreiz dargestellt, die Autos stehenzulassen. Dieser wiederum wäre auch der Umwelt zu Gute gekommen. Die Zuschüsse hätten sich problemlos aus den gestiegenen Steuereinnahmen (Mineralöl-, Öko- und Mehrwertsteuer) finanzieren lassen können. Klaus Wübbenhorst, Vorstandschef vom größten deutschen Marktforschungsinstitut, der GfK AG, empfahl der Regierung, über ein Senken der Steuersätze nachzudenken: »Der Staat ist wegen der hohen Steuerbelastungen bei Energie und Kraftstoffen eindeutiger Gewinner.« Stattdessen wurde die Pendlerpauschale gekürzt. Die CSU griff öffentlich in die Diskussion ein und machte die Wiedereinführung der vollen Pendlerpauschale (von der ohnehin nur die Besserverdienenden etwas haben, weil sie Steuern zahlen und davon außergewöhnliche Belastungen absetzen können) zum Thema ihres Wahlkampfes im Herbst 2008.

Ein Ausweichen auf andere Verkehrsmittel war den Betroffenen nicht möglich, weil die Bahnpreise parallel zu den Benzinpreisen stiegen. Obwohl die Geringerverdiener davon weitaus mehr als die Besserverdiener betroffen waren, verteidigte Bundesverkehrsminister Tiefensee (SPD) im ZDF die Verteuerungen bei der Bahn ab dem 9. Dezember 2007 um durchschnittlich 2,9 Prozent mit den zynischen Worten: »Bahnkunden haben allen Grund, zufrieden zu sein.« [20]

Das fanden auch die Berliner Verkehrsbetriebe (BVG), die in der Hauptstadt die U-Bahnen, die Straßenbahnen, den Busverkehr und sechs Fähren unterhalten. Als im Juli 2008 die Spritpreise auf 1,60 Euro stiegen, beeilte sich der Vorstandsvorsitzende Andreas Sturmowski zu erklären: »Beim Preis des Berliner Einzelfahrscheins können wir nicht länger bei 2,10 Euro stehen bleiben.« Bis zu 2,30 Euro seien seiner Meinung nach angemessen. Doch anders als bei der privatwirtschaftlichen S-Bahn Berlin GmbH ist bei der BVG die Stadt Berlin die Eigentümerin, und zwar zu 100 Prozent. Trotzdem denkt der Berliner Senat nicht im Traum daran, die Fahrpreise diametral entgegengesetzt zu den steigenden Benzinpreisen zu subventionieren. Die Stadt Berlin müsste nämlich ihrerseits außerplanmäßige Zuschüsse aus Bundesmitteln zugewiesen bekommen, die sie aber nicht erhält.

Der Name »Ökosteuer« ist ohnehin absolut irreführend. Diese Steuer wird nämlich hauptsächlich für Zuschüsse zu den Rentenkassen und nur zu einem sehr geringen Teil zur Förderung erneuerbarer Energien verwendet. Der gewünschte ökologische Effekt soll indirekt dadurch entstehen, dass die Leute immer öfter ihr Auto stehen lassen, um Geld zu sparen. Dies würden sie sicherlich auch nur zu gerne tun, wenn es Alternativangebote geben würde. Da es die nicht gibt, und der Staat auf diesem Gebiet völlig in Apathie verharrt, beißt sich die Katze in den eigenen Schwanz.

Fahrt ins Chaos

Mit der 1991 beschlossenen EG-Richtlinie 91/440/EWG hatte die Umstrukturierung der europäischen Eisenbahngesellschaften begonnen. Die Staatsbahnen sollten sich von Behörden zu wettbewerbsfähigen Unternehmen wandeln. (Im Umkehrschluss bedeutet dies, dass sämtliche Behörden nicht effizient arbeiten. Im Grunde genommen ist das nichts anderes als eine Bankrotterklärung des Staates.)

In Großbritannien wurde die British Rail 1996/97 privatisiert. Das Unternehmen Railtrack übernahm das Schienennetz. Die Instandhaltungsarbeiten wurden minimiert, der Gewinn optimiert. Das ging einige Jahre gut, dann erreichten die Ausfälle ein unerträgliches Maß und gipfelten am 17. Oktober 2000 in einem schweren Unfall bei Hatfield (Herfordshire), als ein Schnellzug wegen der schlecht gewarteten Schienen aus den Gleisen sprang. Vier Menschen starben, zahlreiche Reisende wurden zum Teil lebensgefährlich verletzt. Railtrack ging in Konkurs. Das Streckennetz wurde im Oktober 2002 von dem nicht gewinnorientierten Unternehmen Network Rail übernommen. Die These von Marktwirtschaft und Wettbewerb war damit vom Tisch.

In Neuseeland sah es ähnlich aus. Dort hatte die Regierung im Jahr 1993 die Staatsbahn für 328 Millionen New Zealand Dollar (1 Euro = 1,8 NZ-$) an die private Toll Holdings verkauft. Innerhalb eines Jahrzehnts verfiel das gesamte Eisenbahnnetz. Die Streckenführungen und Fahrpläne wurden auf ein Mindestmaß zusammengestrichen. Ende Juni 2008

Hunderte Millionen Dollar muss der Staat Neuseeland nun in das marode Schienennetz investieren.

sich der Ironie bewusst. „Es war ein Fehler, die Bahn zu verkaufen", sagte Bolger, „aber die Zeiten haben sich auch geändert. Damals kostete ein Barrel Rohöl 25 US-Dollar. Heute nähern wir uns der 140-Dollar-Marke."

Wie die alte neue Bahn strukturiert wird, ob als Gesamtunternehmen oder, wie bisher, mit KiwiRail als Betreiber und dem für das Schienennetz zuständigen Unternehmen OnTrack, ist noch nicht klar. Aber sie hat schon mal einen neuen Namen: KiwiRail. Das neue Logo in den Farben Schwarz, Rot und Gelb zeigt Schienenschwellen als stilisierten Silberfarn, das nationale Symbol, und ist recht hübsch anzuschauen. Die bittere Pille für den Steuerzahler ist, dass die Regierung über die nächsten fünf Jahre mehr als 400 Millionen NZ-Dollar zu investieren gedenkt, um das veraltete Schienennetz zu erneuern. Für neue Lokomotiven und Waggons sind 80 Millionen NZ-Dollar veranschlagt. So kostet das komplette Projekt weit mehr als eine Milliarde NZ-Dollar.

Helen Clark war in ihrer Festrede jedoch bemüht, die umweltfreundliche Investition in die Bahn uneingeschränkt positiv darzustellen. „Eine Lokomotive kann die Ladung von 65 Lastwagen transportieren", sagte sie. „Der Umstieg auf die Schiene reduziert Verkehrsstaus, den Benzinverbrauch, den CO_2-Ausstoß und den Druck, immer mehr Straßen zu bauen." Fast gleichzeitig kündigte Verkehrsministerin Annette King jedoch an, die Regierung habe 791 Millionen NZ-Dollar für den Bau neuer Straßen bewilligt.

Das ist nötig, weil die Ausweitung des Personenfernverkehrs trotz der teuren Pläne für die Bahn kein Thema ist, obwohl viele Neuseeländer angesichts steigender Benzinkosten genau das fordern und Touristen regelmäßig danach fragen. Es ist nicht einmal daran gedacht, existierende Linien zu nutzen, auf denen Güterzüge rollen. Die Bahn könnte die komplette Ostküste der Südinsel von Picton bis Invercargill bedienen. Stattdessen rollt nur der tägliche Reisezug im nördlichen Drittel von Christchurch nach Picton. Der größte Abschnitt einer Querverbindung im Süden wurde zugeschüttet und erfreut sich als Radtouren-Route (Otago Rail Trail) wachsender Beliebtheit. Auf der Nordinsel wird die Strecke von Wellington im Süden nach Napier an der Ostküste nicht genutzt. Aber es gibt immerhin eine tägliche Nord-Süd-Verbindung von Auckland nach Wellington. Doch die Fahrt dauert zwölf Stunden, es ist billiger zu fliegen. Und das im Land der flugunfähigen Kiwis.

Berliner Zeitung, 02.07.2008

kaufte der Staat die Eisenbahn zurück. Der Preis betrug 665 Millionen NZ-$, obwohl der Bilanzwert nur bei 430 Millionen NZ-$ lag. Um das veraltete Schienennetz zu erneuern, wurden 400 Millionen NZ-$ benötigt. Für neue Lokomotiven sowie Waggons mussten weitere 80 Millionen NZ-$ zugeschossen werden.

In der Bundesrepublik wurden am 1. Januar 1994 im Zuge der Umsetzung der EG-Richtlinie 91/440/EWG die Deutsche Bundesbahn und die Deutsche Reichsbahn in ein privatwirtschaftliches Unternehmen mit dem Namen Deutsche Bahn AG überführt. Das Grundkapital betrug 2,15 Milliarden Euro. Bislang ist die Bundesrepublik Deutschland alleinige Inhaberin und die Deutsche Bahn AG damit ein scheinprivates Zwitterunternehmen. Der Staat behauptet, er würde sich nicht in die Unternehmensführung einmischen können, realisiert aber die Gewinne.

Ein Teil der Anteile soll nun verkauft werden. Trotz der schlechten Erfahrungen der Briten und der Neuseeländer wird von der Bundesregierung noch immer eine rasche vollständige Privatisierung des Unternehmens im Zuge eines Börsengangs angestrebt, bei dem die Anteile in die Hände privater Anleger gelangen sollen. Was dann geschehen wird, ist sonnenklar. Beispielsweise kletterten auf den privaten Fährlinien zwischen Rostock und Trelleborg die Überfahrtspreise von 2007 zu 2008 um bis zu 160 Prozent.

Auch die Reisenden der Deutsche Bahn AG mussten im Laufe der Jahrzehnte höhere Fahrpreise (sie stiegen von 1950 bis zum Jahr 2008 um 360 Prozent), ein ausgedünntes Streckennetz und schlechteren Kundendienst hinnehmen. Im Gegensatz hiezu meldete die Berliner Zeitung am 19. August 2008: »Trotz eines Rekordgewinns (1,4 Mrd. Euro) der DB müssen Millionen Reisende mit steigenden Ticketpreisen rechnen … Bahnchef Hartmut Mehdorn nannte als

Grund die Kombination aus explodierenden Energiepreisen und weit überdurchschnittlich steigende Personalkosten«. Zum Ausgleich können sie sich an modernen Zügen und kürzeren Reisezeiten auf den Hauptstrecken erfreuen. Wenn ab und an ein ICE entgleist (wie im Juli 2008 vor dem Kölner Hauptbahnhof) werden die Politiker nicht müde zu versichern, dass dies etwas ganz anderes als bei den Briten sei.

Vom Fernver

Bahn streicht unrentable IC-Verbindungen

VON PETER KIRNICH

BERLIN. Immer mehr Städte werden bundesweit vom Bahn-Fernverkehr abgehängt. Verkehrsexperten haben deshalb eine Neuorganisation des Fernverkehrs gefordert. „Wir müssen die Strecken ausschreiben und künftig wie den Personennahverkehr nach dem Bestellerprinzip organisieren", sagte der verkehrspolitische Sprecher der Grünen, Winfried Hermann, gestern der Berliner Zeitung. Hintergrund sind Befürchtungen, dass sich die Bahn von weiteren Fernverbindungen trennen könnte.

Deshalb seien dringend „Mindeststandards und ein ordnungspolitischer Rahmen nötig, um den Fernverkehr im ausreichenden Maße sicherzustellen", sagte Hermann. Der Bahn-Nahverkehr wird mit Hilfe von Zuschüssen des Bundes von den einzelnen Bundesländern bei den Bahnbetreibern bestellt und bezahlt. Somit haben die Länder entscheidenden Einfluss darauf, welche Strecken in welcher Taktfolge befahren werden. Der Fernverkehr liegt dagegen allein in der Hand der Deutschen Bahn, die nach Wirtschaftlichkeit entscheidet, welche Strecken in welchem Umfang betrieben werden. „Die Folge ist, dass immer mehr Strecken gerade im preiswerteren IC-Verkehr ausgedünnt werden", sagte Hermann.

Berliner Zeitung, 12.08.2008

Den Durchschnittsverdiener Otto Normalverbraucher tröstet es nicht, dass in Deutschland längst nicht alles so schlimm wie in anderen Ländern ist. Schließlich sollte sich jeder Mensch an besseren und nicht an schlechteren Vorbildern orientieren. In immer breiteren Einwohnerschichten macht sich zunehmend das Gefühl breit, dass sich der Staat aus seiner Verantwortung für alle Bürger verabschiedet hat und nur noch für die Eliten sorgt.

Die Anzeichen sind tatsächlich bedrohlich, denn in Deutschland ist nach offizieller Lesart ein Viertel der Bevölkerung arm: Derzeit haben 13 Prozent der Einwohner ein Jahreseinkommen von unter 9.000 Euro. Damit liegen sie unterhalb der statistischen Armutsgrenze und müssen mit allen Folgeerscheinungen fertig werden. Dazu zählen hauptsächlich schlechte Gesundheitsfürsorge, mangelhafte Ernährung und geringe Chancen auf dem Arbeitsmarkt. Es gibt zahlreiche Familien mit Sozialhilfeempfängern in der zweiten Generation.

Weitere 13 Prozent der Deutschen können ihr knapp über der Armutsgrenze liegendes Einkommen nur mit Hilfe staatlicher Zuschüsse erzielen. Die Lücke zwischen Arm und Reich wird immer größer, und die Mittelschicht schrumpft.

Die multinationalen Kartelle haben die Macht übernommen. Ihre Interessen sind ganz andere, als die des einfachen Bürgers. Die Großkonzerne sehen sich nicht in der Verantwortung, wenn es darum geht, ihre Mitarbeiter zu beschäftigen und die Preise stabil zu halten. Privatunternehmen sind ausschließlich gewinnorientiert. Wenn sie eine Monopolstellung besitzen, dann nutzen sie diese gnadenlos aus und tun alles zur Optimierung des eigenen Gewinns. Postchef Klaus Zumwinkel hatte einen wichtigen Anteil daran.

Die Post als Staatsanstalt

Das Postwesen entstand im Mittelalter in einigen zu Macht und Reichtum gelangten Städten wie z. B. Straßburg, wo festangestellte Boten Nachrichten beförderten. Im Jahr 1597 wurde die Kaiserliche Reichspost gegründet, die gegen Bezahlung für jeden Interessenten auf zwei festen Postrouten regelmäßig Briefe beförderte.

Am 11. September 1646 erhielt Lamoral Claudius Franz von Thurn und Taxis von Kaiser Ferdinand III. das Generalpostmeisteramt verliehen und verwandelte das Zuschussgeschäft in ein florierendes Unternehmen, das sich jedoch gegen eine vielfältige Konkurrenz behaupten musste.

Mit der Gründung des Deutschen Kaiserreichs am 18. Januar 1871 wurde die Deutsche Reichspost ins Leben gerufen und das Postwesen in den folgenden Jahren mit großem Erfolg vereinheitlicht.

Im Brockhaus Konversations-Lexikon von 1903 steht rückblickend und vorausschauend zugleich: »Die Post ist in allen zivilisierten Ländern als Staatsanstalt unter gesetzlichen Garantien eingerichtet, weil die Notwendigkeit vorlag, das Verkehrsbedürfnis der Staatsangehörigen durch öffentliche, unter der Verwaltung staatlicher Organe gestellte Betriebseinrichtungen von unbedingter Regelmäßigkeit, Schnelligkeit, Billigkeit und unter Bewahrung des Briefgeheimnisses zu befriedigen. Auch in nationalökonomischer Hinsicht ist der staatliche Betrieb der Post zweckmäßig, weil dadurch alle einzelnen Landesteile in gleicher Weise mit Posteinrichtungen bedacht werden können, deren Kosten eben von der Gesamtheit, d. h. dem Staate, zu tragen sind.«

Nach dem zweiten Weltkrieg wurde 1947 in den drei westlichen Besatzungszonen die Deutsche Post als Nachfolgerin der Deutschen Reichspost gegründet. Um eine Verwechslung mit der Deutschen Post in der DDR zu vermeiden, musste der Name 1950 in Deutsche Bundespost geändert werden. Der Aufbau der Bundespost erfolgte nach einem Drei-Stufen-Prinzip: An der Spitze stand das Bundesministerium für das Post- und Fernmeldewesen. Darauf folgten die Oberpostdirektionen, das Fernmeldetechnische Zentralamt und das Postsparkassenamt als Mittelbau. Die Basis bildeten die Postämter, Fernmeldeämter und Postscheckämter.

1989 wurde die Deutsche Bundespost im Rahmen der 1. Postreform in drei Bereiche aufgeteilt, und zwar in den Postdienst, in den Fernmeldedienst (ab 1992 Telekom) und in die Bundespost. Am 3. Oktober 1990 fand die Wiedervereinigung statt. Die Deutsche Post der DDR hatte damit ausgedient. Sie wurde von der Deutschen Bundespost übernommen.

Die zweite Postreform

1994 gab es die zweite Postreform. Dabei entstanden die Deutsche Post AG aus dem Bereich Postdienst (gelbe Post), die Deutsche Telekom AG aus dem Bereich Fernmeldedienst (graue Post) und die Deutsche Postbank AG aus dem Bereich Postbank (blaue Post).

Die Veränderungen waren gravierend. Die Deutsche Bundespost war nach der Deutschen Bundesbahn der zweitgrößte Arbeitgeber in der Bundesrepublik gewesen. Im Jahr 1985 hatte sie 543.200 Mitarbeiter beschäftigt. Zwanzig Jahre später war der Bestand (trotz der vielen Postler in den neu hinzugekommenen Bundesländer) um rund 40 Prozent geschrumpft: Im Jahr 2005 hatte die Deutsche Post AG in Deutschland nur noch 150.000 Mitarbeiter, die Deutsche Telekom AG 150.000 Mitarbeiter und die Deutsche Postbank AG 22.000 Mitarbeiter (plus 4.500 Handelsvertreter).

Berlin/Bonn – Leere Briefkästen in Deutschland: Mit einem massiven Warnstreik hat die Gewerkschaft Ver.di gestern nach eigenen Angaben bundesweit die Auslieferung von Millionen Briefen und Paketen verhindert. Allein im Südwesten seien rund 3,5 Millionen Briefe und 350 000 Pakete nicht zugestellt worden, hieß es. Die Post sprach von begrenzten Auswirkungen. Einen Tag vor der nächsten Tarif-Verhandlungsrunde an diesem Donnerstag in Düsseldorf drohte die Gewerkschaft mit einem Dauerstreik, sollte es in den kommenden Tagen zu keiner Einigung kommen.

In zahlreichen Regionen konnten am Mittwoch Briefe und Pakete nicht zugestellt werden, weil in der Nacht und am Vortag Beschäftigte in Verteilerzentren die Arbeit niedergelegt hatten, berichtete Ver.di. Sie wollten ihrer Forderung nach sieben Prozent mehr Geld Nachdruck verleihen. Wegen Arbeitsniederlegungen von Postbeschäftigten am Frankfurter Flughafen seien auch dort viele Briefe liegen geblieben. Fast die gesamte Auslandspost werde die Empfänger erst mit mindestens einem Tag Verspätung erreichen, berichtete die Gewerkschaft. Dabei handele es sich um rund 5000 Pakete und eine Million Briefe.

Nach Angaben von Post-Sprecher Uwe Bensien in Bonn hielten sich die Auswirkungen der Arbeitsniederlegungen in Deutschland dagegen in Grenzen. „Drei von vier Briefen und die Hälfte aller Pakete konnten zugestellt werden." Der Rest werde spätestens heute ausgeliefert.

Berliner Morgenpost, 17.04.2008

Das waren insgesamt 326.500 Beschäftigte – und damit 216.700 weniger als 1985. Die Postreform hatte 216.700 Arbeitsplätze im Inland gekostet, und der Trend setzt sich ungebremst weiter fort.

Doch nicht nur die Postmitarbeiter, sondern alle Bürger waren von den Folgen der Privatisierung betroffen. Im Jahr 1965 kostete das Briefporto im Staatsunternehmen Deutsche Bundespost 0,20 DM (0,10 Euro). Im jetzigen Privatunternehmen Deutsche Post AG sind es inzwischen 0,55 Euro. Das entspricht einer Preissteigerung von 275 Prozent. (Wobei es in der jüngeren Geschichte noch wesentlich drastischere Beispiele gab: Im Inflationsjahr 1923 kletterte das Porto für einen Brief von ursprünglich 20 Pfennigen auf 40 Milliarden Mark. Im Vergleich dazu ist die Preisentwicklung in der Bundesrepublik äußerst moderat verlaufen.)
Die Privatisierung der Deutschen Bundespost brachte nicht nur hunderttausende Menschen um Lohn und Brot. Am 14. Juni 2008 verkaufte der Bund über die Kreditanstalt für Wiederaufbau Aktien im Wert von zwei Milliarden Euro. Der Staat ist seitdem nicht länger der Mehrheitseigentümer. Er hat darüber hinaus auch ein riesiges Vermögen verschleudert. Auf undurchsichtigen Kanälen ist es in den Taschen einiger weniger Reicher gelangt. Damit hat sich in kleinerem Maßstab wiederholt, was einige Jahre zuvor mit dem Milliardenvermögen der DDR geschehen war, als Großbetriebe, Immobilien und riesige Ländereien zu absoluten Dumpingpreisen von der Treuhand an einen ausgewählten Personenkreis verschleudert wurden und am Ende von dem ganzen Reichtum nur noch ein gewaltiger Schuldenberg übrig blieb.

Die Spitze der Pyramide

Die Einkommensverhältnisse der zirka 82.250.000 Einwohner der BRD lassen sich anhand einer Pyramide darstellen. Die Armen und Einkommensschwachen bilden die breite Basis. Ihnen folgt die immer schmaler werdende Mittelschicht. Ganz oben stehen die Reichen: Rund acht Millionen Bundesbürger, also etwa zehn Prozent der Einwohnerschaft, besitzen ungefähr 50 Prozent des gesamten privaten Vermögens, Tendenz stark steigend.

760.000 davon (oder 0,92 Prozent) haben außer Immobilien, Beteiligungen, Aktien usw. eine Barschaft von jeweils mehr als einer Million Euro angehäuft. Insgesamt verfügen sie über 2.900 Milliarden Euro, das entspricht über 70 Prozent des gesamten privaten Geldvermögens.

Diese Superreichen unterteilen sich nochmals in zwei Gruppen, und zwar in die der Großaktionäre und in die eng begrenzte Schar der Mehrheitseigentümer. Die Mehrheitseigentümer stehen demzufolge ganz oben an der Spitze der Pyramide. Ihnen gehören ganze Firmenpakete oder die Aktienmehrheiten an den wichtigsten Konzernen. Sie bestimmen, wo es lang geht und machen dadurch den ganz großen Reibach. Wer das Geld hat, hat die Macht. Die Mehrheitseigentümer sind die grauen Eminenzen, und dies nicht nur im eigenen Land, sondern im globalen Maßstab. Aber sie treten nur selten in Erscheinung. Die bekannte New Yorker Wirtschaftszeitschrift Forbes Magazine veröffentlicht alljährlich eine Liste mit den Namen der (bekannten) Dollar-Milliardäre in aller Welt. In Deutschland umfasst sie 55 Namen. An der Spitze stehen die Brüder Karl und Theo Albrecht, die Inhaber der Aldi-Kette, mit einem angegebenen Vermögen von 20 bzw. 17,5 Milliarden Dollar. Auf dem letzten Platz rangiert Friedhelm Loh von der

Friedhelm Loh Group, der sich mit einer Milliarde Dollar begnügen muss.

Doch etliche Milliardäre stehen nicht auf der Liste. Es genügt ihnen, die Macht zu besitzen. Sie müssen ihren Reichtum nicht öffentlich demonstrieren. Sie operieren lieber vom Verborgenen aus. Dazu benötigen sie willfährige Vasallen. Das sind beispielsweise die Manager der Großkonzerne. Für ihre unverzichtbaren Botendienste werden sie gut bezahlt. Als Einkommensmillionäre erzielen sie einen durchschnittlichen Verdienst von 2,8 Millionen Euro pro Jahr.

Die Diskussion über zu hohe Managergehälter ist deshalb unsinnig. Die Manager bekommen das Geld nicht, weil sie so gut arbeiten, sondern weil sie perfekt funktionieren und widerstandslos die ihnen zugewiesene Drecksarbeit erledigen.

Ihnen folgen die Spitzenpolitiker (auch wenn sie während ihrer Parteikarrieren weitaus weniger verdienen als ihre Kollegen in den Maßanzügen). Sie gehören zur Führungsriege im oberen Drittel der Pyramide. Aber selbst die höchsten Staatsmänner stehen nur auf der unteren Stufe vom Zirkel der wahrhaft Mächtigen. Sie sind die Offiziere, wie die Manager. Über ihnen rangieren die Obristen (also die Besitzer von großen Aktienpakten), und ganz oben thronen die Generäle (das sind die Mehrheitseigentümer als Creme de lá Creme).

In vielen Dingen haben Politiker wie Manager völlige Entscheidungsfreiheit, und zwar überall dort, wo es nicht darauf ankommt. Wenn es allerdings um wichtige Fragen geht, haben sie zu spuren. Wer größenwahnsinnig wird, plötzlich an die eigene Genialität zu glauben beginnt und sich außerhalb der Regeln stellt, muss mit bitteren Konsequenzen rechnen. Er liegt eines Tages tot in der Badewanne, wie der ehemalige Ministerpräsident von Schleswig-Holstein Uwe Barschel (der sich angeblich einem internationalen Waffengeschäft widersetzt hatte), oder wird öffentlich verhaftet und vorgeführt, wie Klaus Zumwinkel.

Wie eng die Verflechtungen zwischen Wirtschaft und Politik tatsächlich sind, zeigt sich daran, dass viele Politiker nach dem Ende ihrer Amtszeit in hochdotierte Wirtschaftsposten wechseln. Gerhard Schröder (SPD) beispielsweise wurde 1998 zum Bundeskanzler gewählt. Er blieb zwei Legislaturperioden im Amt. Nachdem Angela Merkel im Jahr 2005 zu seiner Nachfolgerin gewählt worden war, legte Schröder sein Bundestagsmandat nieder. Als Bundeskanzler hatte er sehr stark das Projekt der Ostseepipeline unterstützt, die vom Jahr 2010 an russisches Erdgas durch die Ostsee nach Deutschland transportieren soll. Das Betreiberunternehmen, die frühere North European Gas Pipeline Company (NEGP Company), die 2006 zur Nord Stream AG umfirmierte, gehört einem Firmenkonsortium, und zwar der russischen Erdgasgesellschaft Gazprom (zu 51 Prozent), der Wintershall AG, einem Tochterunternehmen des BASF AG (zu 24,5 Prozent) sowie der E.ON Ruhrgas AG (ebenfalls zu 24,5 Prozent). Am 30. März 2006 wurde Gerhard Schröder zum Vorsitzenden des acht Mitglieder umfassenden Aktionärsausschusses ernannt. Der US-Amerikaner Tom Lantos, Kongressmitglied und Leiter vom Auswärtigen Ausschuss, nannte diese Art der Karriere »politische Prostitution«. Die Bundesregierung wies diese Äußerung prompt mit »Deutlichkeit und Entschiedenheit« zurück.

Otto Georg Schily (SPD) war von 1998 bis 2005 Bundesminister des Inneren. Weil er sich in dieser Funktion u.a. maßgeblich für die Einführung eines biometrischen Reisepasses einsetzte, bei dem auf einem Chip vielfältige Daten wie Fingerabdrücke und das Irismuster der Augen gespeichert werden können, wurde er am 28. Oktober 2005 mit dem Big Brother Lifetime Award 2005 ausgezeichnet. In der Laudatio zu diesem Negativpreis hieß es: »Gewürdigt wird der Ausbau des deutschen und europäischen Überwachungssystems auf Kosten der Bürger- und Freiheitsrechte und das hartnäckige Bemühen um die Aushöhlung des Datenschutzes unter dem Deckmantel von Sicherheit und Terrorbekämpfung«. [21]

Nach dem Ende seiner Amtszeit als Bundesinnenminister wurde Otto Schily Aufsichtsrat bei dem Unternehmen SAFE ID Solutions AG (Unterhaching) und Byometric Systems AG (Mitterfelden), die beide auf dem Gebiet von biometrischen Passsystem tätig sind und zu den großen Gewinnern bei der kommerziellen Verwertung vom Projekt »gläserner Bürger« zählen. Entgegen geltender gesetzlicher Regelungen weigerte sich der ehemalige Innenminister, seine Einkünfte aus den Aufsichtsratsposten offenzulegen und wurde vom Bundestagspräsidium deshalb mit einer Geldbuße von rund 22.000 Euro belegt.

Staatsumbau und Gewerkschaften

Klaus Zumwinkel war einer der 9.900 Einkommensmillionäre in der Deutschland. Er gehörte zur unteren Stufe vom inneren Zirkel. Aber er wurde ausgestoßen. Er hatte die grauen Eminenzen verärgert und schwerwiegende Fehler begangen. Außerdem war er dem folgenschweren Irrtum erlegen, er wäre vom Katzentisch in den Zirkel der Macht aufgerückt und sei unangreifbar geworden.

Der Umbau der Gesellschaft in Deutschland und in ganz Europa hatte zu Beginn der neunziger Jahre des vorigen Jahrhunderts mit dem Zusammenbruch der Ostblockstaaten begonnen. Bis zu diesem Zeitpunkt war der Westen ein Aushängeschild für den Kapitalismus gewesen. Das perfekt funktionierende Sozialstaatsmodell und seinen Verheißungen vom wachsenden Wohlstand für alle stellte eine wichtige ideologische Waffe im kalten Krieg dar, weil es den »sozialistischen« Ländern ständig die angebliche Überlegenheit der freien Marktwirtschaft vor Augen führte.

Wie wir bereits wissen, gibt es keine freie Marktwirtschaft, bzw. nur in den Bereichen, die ohne großes Interesse sind. Mit dem Wegfall des »Sozialismus« hatte auch das Sozialstaatsmodel ausgedient. Es gab keinen Grund mehr, länger daran festzuhalten. Die Staatsform der Demokratie hingegen hatte sich bewährt. Die Experimente mit Diktaturen waren gescheitert. Totalitäre Staaten ermöglichten es zwar durch die Gleichschaltung aller Lebensbereiche, die Aufhebung der Privatsphäre und die Vergesellschaftung der Menschen hohe Gewinne einzufahren, aber das gelang immer nur kurzfristig. Langfristig wurde der Profit wieder durch den zunehmenden Widerstand von innen und von außen aufgezehrt.

In einer bürgerlichen Demokratie sind die tatsächlichen Machtverhältnisse verschleiert. Für die breite Masse der Bevölkerung ist es äußerst schwer, wenn nicht gar unmöglich, die tatsächlichen Machthaber auszumachen. Der Spruch »Wenn durch Wahlen etwas verändert werden könnte, wären sie schon lange abgeschafft« gilt noch immer. Die meisten Menschen kennen weder den Staatsaufbau, noch sind sie über die Rolle der tatsächlichen Drahtzieher informiert. Sie sehen nur ihre isolierten Probleme und sind deshalb völlig hilflos.

Auch die Rolle der Gewerkschaften als Interessenverbände der Arbeitnehmer hat sich gewandelt. Beispielsweise wurde am 14. Februar 2007 Wilhelm Schelsky, der Vorsitzende der Arbeitsgemeinschaft Unabhängige Betriebsangehöriger (AUB) verhaftet. Die AUB war als Gegenorganisation zur IG-Metall gegründet worden und erhielt vom Siemens Konzern 2,5 Millionen Euro an Unterstützungsmitteln. Schelsky selber hatte über Beraterverträge von Siemens 14 Millionen Euro kassiert.

Die Briefzustellerfirma PIN, über die noch an anderer Stelle zu sprechen sein wird, hatte tatkräftig dabei mitgeholfen, die für das Unternehmen zuständige Gewerkschaft der Neuen Brief- und Zustelldienste (GNBZ) zu gründen.

Auch in der VW-Affäre spielte ein hoher Gewerkschaftsfunktionär eine äußerst unrühmliche Rolle. Gegen den Vorsitzenden des Gesamtbetriebsrates der VW AG Klaus Volkert ermittelten die Behörden. Der Tatvorwurf lautete darauf, dass er durch den VW-Vorstand Peter Hartz zusätzlich zu seinem Gehalt Sonderbonuszahlungen in Höhe von 1,95 Millionen Euro erhalten hätte. (Peter Hartz wiederum verteilte nicht nur Millionen an Bestechungsgeldern. Er war es auch gewesen, der als Vorsitzender der nach ihm benannten gleichnamigen Kommission die Grundlagen für die Zusammenführung von Arbeitslosen- und Sozialhilfe geschaffen hatte. Das neue, Hartz IV genannte Arbeitslosengeld II, lag mit einer Regelleistung von 347 Euro im Monat unter dem Satz der bisherigen Sozialhilfe und war zum Leben zu wenig und zum Sterben zu viel.)

Bis zum Auffliegen der Korruptionsaffäre schien das Schmiergeld bei Klaus Volkert gut angelegt gewesen zu sein, denn er wurde mit hohen Auszeichnungen überhäuft. Wie Klaus Zumwinkel bekam er das Bundesverdienstkreuz verliehen, und die TU Braunschweig hielt ihn für repräsentabel genug, um aus den Händen des Präsidenten die Ehrendoktorwürde (Dr. rer. pol. h. c.) zu empfangen, und zwar »in Anerkennung seiner hervorragenden innovativen Leistungen bei der Weiterentwicklung der industriellen Beziehungen sowie bei der Gestaltung moderner Betriebs-, Arbeits- und Unternehmensstrukturen.« Damit stand er auf der gleichen Stufe wie der Gründer der Audi Automobilwerke GmbH August Horch (1868–1951), dem die TU Braunschweig im Jahr 1922 die Ehrendoktorwürde verliehen hatte.

Fouchés Erben

Im Juli 1799 ernannte das Direktorium der Französischen Republik einen Polizeiminister, der mit kurzen Unterbrechungen bis zum September 1815 auf diesem Posten ausharrte: Joseph Fouché, Herzog von Otranto (1759–1820). Der ehemalige Advokat krempelte die gesamte Polizei gründlich um. Ihn trieb dabei nur ein einziger Beweggrund: Er wollte Macht. Und Macht bedeutete für den skrupellosen Polizeiminister geheimes Wissen über alles und jeden. Er beschäftigte eine Armee von geheimen Zuträgern und legte Akten über alle wichtigen Leute an.

Er wechselte seine Überzeugungen wie das Hemd, konspirierte und intrigierte mit solch großer Geschicklichkeit, dass ihm das beispiellose Kunststück gelang, in einer Zeit, wo Tausende auf der Guillotine endeten, nicht nur zu überleben, sondern höchste Ämter während der Französischen Revolution zu bekleiden, anschließend Minister des Direktoriums und des Konsulats zu werden und sein Amt unter Kaiser Napoleon zu behalten. Er erlebte die erste und die zweite Abdankung Napoleons, stellte sich an die Spitze einer provisorischen Regierung und zog als Polizeiminister unter Ludwig XVIII. wieder in sein Büro.

Fouché war unangreifbar, weil er die dunklen Punkte im Leben aller seiner Widersacher kannte. Er vertrat die Meinung, dass jeder Mensch eine Leiche im Keller vergraben hatte. Man musste sie nur finden und ausgraben. Fouché wusste so gut wie alles, aber er behielt dieses Wissen für sich. Falls es ernst wurde, reichte meistens eine Drohung, und wenn nicht, hatten seine Gegner nicht mehr viel zu lachen.

In dem Angestellten im amerikanischen Justizministerium John Edgar Hoover (1895–1972) fand er einen adäquaten Nachfolger. Hoover wurde am 24. Dezember 1924 zum Direktor des FBI ernannt. Kaum war er in sein neues Büro eingezogen, da griff er auch schon zum eisernen Besen. Erbarmungslos entließ er sämtliche FBI-Mitarbeiter, die er für unfähig hielt. Jene Beamte, die ihre Jobs dank einflussreicher Politiker bekommen hatten, versetzte er auf entlegene Außenposten. An deren Stellen traten junge dynamische Männer mit abgeschlossenem Studium. Hoover nahm Juristen, Techniker, Wirtschaftsfachleute und Kriminalisten. Mit ihrer Hilfe baute er ein landesweites Überwachungssystem nach dem Muster des französischen Polizeiministers auf, nur wesentlich umfangreicher und dank der modernen Technik mit weitaus höherer Perfektion. Im Laufe der Zeit speicherte das FBI Akten und Fingerabdrücke von zweihundert Millionen Menschen, bei denen es sich in der Mehrzahl um unbescholtene Bürger handelte.

Bedenkliche Formen nahm die Datensammelwut vor allem in den frühen fünfziger Jahren des vorigen Jahrhunderts während der Mc Carthy Ära an, die als antikommunistische Verfolgungswelle in die Geschichte einging. Die FBI-Agenten entwickelten sich als Gesinnungsschnüffler. Sie legten über Tausende Bürger geheime Akten an, die Lebensläufe, Berufe, Namen von Freunden und Bekannten sowie verdächtige politische Äußerungen enthielten.

John Edgar Hoover wurde dadurch zu einer unangreifbaren Person. Ihm gelang es, von 1924 an bis 1972 unter den Präsidenten Woodrow Wilson, Warren G. Harding, Calvin Coolidge, Herbert C. Hoover, Franklin D. Roosevelt, Harry S. Truman, Dwight D. Eisenhower, John F. Kennedy, Lyndon B. Johnson und Richard M. Nixon im Amt zu bleiben. Speziell nach der Ermordung von Kennedy war das ein großes Kunststück gewesen, denn John Edgar Hoover wurde beschuldigt, über die Attentatspläne rechtzeitig informiert gewesen zu sein und trotzdem dieses Wissen zurückgehalten zu haben.

In der DDR wandelte das Ministerium für Staatssicherheit auf Hoovers Spuren. Etwa 91.000 hauptamtliche und rund 100.000 ehrenamtliche Mitarbeiter sammelten Informationen über jeden und alles. Der Minister für Staatssicherheit Erick Mielke (1907–2000) ließ sogar seinen Chef, den Staatsratsvorsitzenden Erich Honecker (1912–1994), bespitzeln. Die Gauck- bzw. Birthler-Behörde verwaltete das unselige Erbe zielgerichtet, in dem es vor wichtigen Wahlen oder anderen passenden Gelegenheiten IM-Berichte über bekannte Linkspolitiker wie Gregor Gysi oder Stefan Heym (1913–2001) veröffentlichte.

Da die IM-Keule aus historischen Gründen nur in die Richtung einer bestimmten Bevölkerungsgruppe geschwungen werden konnte, mussten für andere unliebsame Personen adäquate Möglichkeiten gefunden werden. Der Fall Zumwinkel zeigt, wie es geht. Die Ironie des Schicksals besteht nur darin, dass der ehemalige Postchef in seiner Tätigkeit als Aufsichtsratsvorsitzender bei der Deutschen Telekom AG in die dortige Bespitzelungsaffäre verstrickt gewesen sein soll. Die Bonner Staatsanwaltschaft leitete im Mai 2008 Ermittlungen gegen ihn und gegen den früheren Konzernchef Kai-Uwe Ricke ein. »Die Behörde untersucht, in welcher Form beide Spitzenmanager versucht haben, das Durchsickern von Informationen aus dem Aufsichtsrat an Journalisten zu unterbinden.« [22]

Ganz sicherlich lag es für Klaus Zumwinkel jenseits aller Vorstellungskraft, dass auch über ihn jemand geheime Informationen sammeln und weiterreichen könnte. Seine Verstickung in den Telekom-Fall dementierte er jedenfalls sofort.

6. Kapitel

PIN Mail AG und PIN Mail Group

PIN-Geschäftsführer Günter Thiel: »Mit dem überhöhten Mindestlohn wurde bewußt in Kauf genommen, daß Investments in Milliardenhöhe am Standort Deutschland zunichte gemacht werden und Zigtausende von Arbeitsplätzen bei den privaten Briefdienstleistern verloren gehen.«

Spiegel Online, 04.12.2007

Vom Jahr 1576 an bis zu seinem Tode herrschte Kaiser Rudolf II. (1552–1612) über das Heilige Römische Reich Deutscher Nation. Der Potentat litt an schweren Depressionen und kümmerte sich nur ungern um seine Regierungsgeschäfte. Dennoch blieb seine Amtszeit nicht völlig folgenlos. Zu Rudolfs bedeutendsten Leistungen zählte die Gründung der Kaiserlichen Reichspost im Jahr 1597 (wie bereits erwähnt), und die damit verbundene Einführung des sogenannten Postregals. Das Wort Regal stammte vom mittellateinischen regale ab und bedeutete ursprünglich Königsrecht. In diesem Fall diente es als Recht des Kaisers dazu, unliebsame Konkurrenz auszuschalten. Durch das Postregal wurde es bei Strafe verboten, Briefe an der Kaiserlichen Reichspost vorbei aufzugeben oder zu befördern. Rudolf II. hatte die Macht, und er nutzte sie.

Das Postregal galt unter wechselnden Namen bis in die jüngere Gegenwart fort. Zuletzt war es als Briefmonopol gesetzlich fest verankert. Am 1. Januar 1998 trat dann das im Dezember 1997 beschlossene Postgesetz in Kraft. Behauptet wurde, es solle die rechtlichen Rahmenbedingungen dafür schaffen, dass die »Interessen der Kunden« gewahrt würden und sie zukünftig in den Genuss von »angemessenen« Postdienstleistungen zu »erschwinglichen Preisen« kämen.

Das passende Zauberwort, um dieses Ziel zu erreichen, lautete »chancengleicher und funktionsfähiger Wettbewerb«. Die Wirtschaft sollte endlich Zugang zu dem bislang abgeschotteten Postmarkt erhalten und dort einen freien Wettbewerb austragen.

Das Deutsche Universalwörterbuch definiert den Sinngehalt des Wortes Wettbewerb folgendermaßen: »Etwas, woran mehrere Personen im Rahmen einer ganz bestimmten Aufgabenstellung in dem Bestreben teilnehmen, die beste Leistung zu erzielen.«

Bei einem fairen Sportwettkampf stellen sich beispielsweise fünf gut durchtrainierte Läufer hinter der Ausgangslinie auf. Nach dem Kommando »Auf die Plätze, fertig« und dem folgenden Signal starten sie alle zur selben Zeit. Wer zuerst die Zielgerade passiert, hat gewonnen.

Auf den Postsektor bezogen bedeutete der Terminus Wettbewerb, dass mehrere winzige Davids gegen einen massigen Goliath antreten sollten, der schon lange vorher losgelaufen war und deshalb etliche Runden Vorsprung besaß. Der Gewinner stand bereits fest, und etliche Verlierer würden für ihr Versagen mit dem eigenen Untergang bestraft werden.

Bereits auf den ersten Blick wurde jedem Fachmann klar, dass im Postgesetz Wunsch und Wirklichkeit weit auseinander klafften. Der weniger gut informierte Bürger hatte ganz andere Vorstellungen. Der Begriff Deutsche Post war (und ist) das Synonym für die Briefbeförderung, so wie Kleenex für Papiertaschentücher, Kärcher für Hochdruckreiniger und Yacutzi für Whirlpools steht.

Das vom Kaiser Rudolf II. entwickelte Postsystem hatte sich bewährt. Es war über die Jahrhunderte aufgebaut und mit Steuergeldern finanziert worden. Zu ihm gehörte ein flächendeckendes Netz von Zustellern, Briefkästen, Postämtern etc. Kein Mitbewerber konnte aus dem Stand heraus alles Notwendige vorhalten und trotzdem konkurrenzfähig bleiben. Er hatte nur eine einzige Chance: Er musste sich die Rosinen herauspicken. Das aber konnte keinesfalls im Interesse der Deutschen Post AG liegen. Wenn der gelbe Riese auf die weniger lukrativen Nebenstrecken abgedrängt werden würde, hätte dies seinen baldigen Zusammenbruch zur Folge.

Die Politik verhielt sich unentschieden. »Wasch mir den Pelz, aber mach mich nicht nass«, lautete die Losung. Es gab zwar keinen vernünftigen Grund, das Postmonopol zu brechen, dafür wurde es aber auch nicht schlagartig, sondern nur schrittweise aufgehoben. Die Rahmenbedingungen waren gründerfeindlich und wettbewerbsverzerrend.

Lizenzvergabe

Seit dem Jahr 1998 erteilte die Bundesnetzagentur für Elektrizität, Gas, Telekommunikation und Eisenbahnen (BNetzA) Lizenzen für den gewerbsmäßigen Transport von Briefsendungen. Zunächst galten allerlei Gewichtsbeschränkungen. Darüber hinaus waren die Mitbewerber zu absurden Sonderleistungen verpflichtet. Sie mussten beispielsweise die Briefe am selben Tag zustellen, oder die Post direkt beim Kunden abholen.

In einem Bereich wurde die Deutsche Post ganz besonders bevorzugt: Sie brauchte keine Umsatzsteuer zu zahlen. Jeder andere Mitbewerber musste das tun. Bei einer 0,55 Cent-Briefmarke entsprach das einer an den Staat abzuführenden Mindereinnahme von 0,1045 Cent.

Die Deutsche Post AG hatte sich in den neunziger Jahren des vorigen Jahrhunderts von einem Staatsbetrieb zu einem

Großkonzern gewandelt. Tausende Arbeitsplätze waren dabei auf der Strecke geblieben. Trotzdem fielen durch den aufgeblähten Verwaltungsapparat weiterhin unnütze Kosten an.

Diese Belastungen hatte die Konkurrenz natürlich nicht zu tragen. Doch die Mehrausgaben bei der Deutschen Post AG für Altlasten lagen trotz alledem unter dem Satz von 19 Prozent für die ersparte Umsatzsteuer. Die Differenz konnte kein noch so fleißiger Mitbewerber ausgleichen, jedenfalls nicht durch besseres Wirtschaften. Das ging nur durch Lohndumping, ein dickes finanzielles Polster und den Glauben an eine bessere Zukunft.

Das Europäische Parlament begann am Anfang der neunziger Jahre, sich mit dem Thema Post zu beschäftigen. Deutschland spielte von Anfang an eine Vorreiterrolle, aus welchen Gründen auch immer. In den anderen Staaten dauerte es etwas länger, ehe sich die Unvernunft durchsetzen konnte.

Nach einer letzten Aussprache entschied das Europäische Parlament am 31. Januar 2008, dass die EU-Postmärkte für Briefe unter 50 Gramm zum 1. Januar 2011 vollständig geöffnet werden sollen. Für ein gutes Dutzend Länder wurde eine befristete Ausnahmeregelung bis zum 1. Januar 2013 getroffen. Das Ziel dieser tiefgreifenden Veränderungen sollte nicht der Wettbewerb an sich ein. Es ging angeblich nur um die bereits erwähnten Schlagworte »Interessenwahrung«, »angemessen« und »erschwinglich«.

Insider rechneten damit, dass sich mit der Liberalisierung des Postmarktes die Masse der zu verteilenden Briefpost zukünftig um ein Drittel bis um die Hälfte erhöhen würde, und zwar durch den dann explodierenden Sektor der Werbesendungen. Die Deutsche Post AG war in diesem Zusammenhang schon einmal ins Gerede gekommen, weil sie angeblich Briefträger damit beauftragt hatte, auf ihren Touren spezielle Kundendaten wie Wohnverhältnisse, Alter, besondere Interessen etc. zu erfassen. Diese Daten sollen aufgearbeitet und an Werbefirmen verkauft worden sein. Die Deutsche Post AG dementierte postwendend und veröffentlichte die folgende Erklärung. »Eine Weitergabe der Adressdaten an Dritte ist nicht gestattet und erfolgt auch nicht durch die Deutsche Post AG.«

Diese doppelte Verneinung war unsinnig. Wenn einem Unternehmer etwas nicht gestattet ist, muss er nicht extra noch betonen, dass er es nicht tun, sondern sich gesetzestreu verhalten wird.

Allerlei Schlagworte

Doch zurück zu den Zielen der Postreform. Niemand vermochte zu erläutern, wieso es im »Interesse der Kunden« liegen sollte, wenn der Postmann statt einmal täglich zukünftig 8 x klingeln würde, und zwar erst von der gelben, dann von der blauen, der grünen, der roten, der weißen, der schwarzen, der grauen und schließlich von der lila Post. Ob es »angemessen« sein würde, vor längeren Urlaubsreisen statt einem gleich acht Nachsendeaufträge erteilen zu müssen, darf ebenso bezweifelt werden, wie der Stress angemessen sein könnte, zur speziellen Briefmarke der XY-Post immer den passenden Briefkasten suchen zu müssen – außer für Fans des Fats-Domino-Hits »I'm walking«. Und der terminus technicus »zu erschwinglichen Preisen« war ebenso dehnbar, wie der Begriff »Transfereinkommen« im Zusammenhang mit dem ALG II. Der Berliner Finanzsenator Thilo Sarrazin, der schätzungsweise über ein Monatseinkommen von über 10.000 Euro verfügte, hatte im Februar 2008 ausgerechnet, dass sich ein ALG-II-Bezieher für 3,76 Euro am Tag drei gesunde und wertstoffreiche Mahlzeiten leisten könne. Wer so rechnet, für den wäre auch eine Briefmarke für 2,00 Euro erschwinglich.

Doch was für Konsumenten schädlich ist, kann für Firmen durchaus »angemessen« sein. Weil das Postmonopol zum 1. Januar 2008 komplett fallen sollte, gingen etliche Kapitalgeber das unternehmerische Risiko ein und gründeten lokale Briefzustellerfirmen. Diese wurden zunächst nur in eng begrenzten regionalen Bereichen tätig. Die Firmeninhaber hofften auf den baldigen Wegfall der den Wettbewerb verzerrenden Schranken. Im Laufe der Zeit stieg die Zahl der Briefzustellerfirmen auf mehrere Dutzend an. Zu den bekanntesten gehörten die Briefnetz Süd GmbH & Co. KG, die Briefunion GmbH, die DirektExpress Holding AG, die Hermes Logistik Gruppe, die PIN MAIL AG, die primeMail und die TNT Post AG & Co. KG.

Die PIN Mail AG wurde bereits im April 1999 gegründet. Zu Beginn des Jahres 2004 kauften sich die Axel Springer AG und die Verlagsgruppe Holtzbrinck mit je 30 Prozent ein. Nach und nach stießen weitere Investoren hinzu. Im Oktober 2005 errichteten sie in Luxemburg die PIN Group S.A., eine Aktiengesellschaft nach luxemburgischen Recht, die zur Muttergesellschaft von zahlreichen mit ihr verbundenen Briefzustellerfirmen wurde. Seit dem April 2007

Mindestlöhne zu vereinbaren. Derzeit, heißt es in einer Regierungsanalyse, lägen „die Voraussetzungen für den Erlass von Mindestlohnverordnungen nur für die Zeitarbeit vor". Als „eher schädlich" stuft denn auch Klaus Zimmermann, Präsident des Deutschen Instituts für Wirtschaftsforschung, das Konzept ein.

Experten aus dem Arbeitgeber- wie Gewerkschaftslager sind inzwischen überzeugt: Auf die Dauer kann nur eine landesweite Lohngrenze sicherstellen, dass auf dem inländischen Arbeitsmarkt gleiche Bedingungen für alle gelten.

Selbst liberale Ökonomen wie Ulrich van Suntum, Professor in Münster, diskutieren inzwischen nicht mehr die Frage, ob ein Mindestlohn nötig ist, sondern auf welcher Höhe er liegen soll. Würde er, wie von den Gewerkschaften gefordert, auf 7,50 Euro festgesetzt, könnte er Hunderttausende Jobs vernichten.

Läge er dagegen bei fünf Euro, so van Suntum, könnte er „Dumpinganbieter aus den osteuropäischen Ländern abschrecken" ohne „allzu viel ökonomischen Schaden anzurichten". Jochen Brenner, Michael Sauga

Berliner Zeitung, 17.08.2008

verfügte die PIN Group über einen bundesweiten Zustelldienst. Zwei Monate später verhandelte die Axel Springer AG mit den stärksten Partnern innerhalb der Gesellschaft und kaufte ihnen für über 500 Millionen Euro ihre Anteile ab. Springer wurde dadurch zum Mehrheitsgesellschafter mit einer Beteiligung von über 70 Prozent. Das Schiff schien in die Richtung von sicherem Fahrwasser zu steuern.

Für die Deutsche Post AG wurde es eng. Im Jahr 2006 hatte ihr Gewinn 3,9 Milliarden Euro betragen. Die Hälfte davon stammte aus der Briefbeförderung. Der Marktanteil entsprach etwa 90 Prozent. Klaus Zumwinkel konnte und wollte nicht riskieren, dass sich dieses Verhältnis verschlechtert.

Mit dem Fall des Postmonopols zum 1. Januar 2008 würden bei der Konkurrenz als Erstes die sie einschnürenden Verpflichtungen wegfallen. Noch folgenreicher aber war, daß die PIN Group inzwischen flächendeckend agierte. Für die Bundesregierung gab es deshalb keinen vernünftigen Grund mehr, ihr noch länger das Mehrwertsteuerprivileg zu verweigern. Der Wegfall der Umsatzsteuerpflicht würde unschlagbare Dumpingpreise bei den Konkurrenten der gelben Post zur Folge haben.

In dieser heiklen Situation startete Klaus Zumwinkel einen genialen Coup. Er brachte das Thema der Mindestlöhne öffentlich zur Sprache.

Die Rache der Konkurrenz

Die Übernahme der Aktienmehrheit an der PIN Group wurde für den Springer-Konzern zu einem verlustreichen Unternehmen. »Bei der Expansion ins Postgeschäft hat der Verlag fast 600 Millionen Euro verloren.« [23]

Springer gab der Diskussion um den Post-Mindestlohn die Schuld an dem Desaster und machte in großformatigen

Anzeigen dagegen Front. Als Folge davon zog die Post Werbeanzeigen mit einem Volumen von 800.000 Euro zurück, die in Springer-Blättern hatten erscheinen sollen.

Aber auch andere Konkurrenten der Deutschen Post, wie die TNT, versuchten mit allen Mitteln, den gesetzlichen Mindestlohn zu unterlaufen. Die gesamte Branche kränkelte.

Als sich im Jahr 2007 nach der Sommerpause abzeichnete, dass der Post-Mindestlohn in Kürze beschlossen werden würde, kamen einige Manager der PIN Group auf eine verzweifelte Idee. Sie wurzelte darin, dass es in den PIN-Tochterunternehmen weder Betriebsräte, noch aktive Gewerkschaftsfunktionäre gab. In den USA waren Anfang des zwanzigsten Jahrhunderts die großen Gewerkschaften fest in den Händen der Industriebosse gewesen und hatten eine wichtige Rolle im Verdrängungswettbewerb gespielt. Weshalb sollte das nicht auch in Deutschland möglich sein?

»Der Tag, an dem die bizarre Gewerkschaftsgründung ausgeheckt wurde, soll der 9. September 2007 gewesen sein. An dem lauen Spätsommerabend trafen sich ein knappes Dutzend Topverlagsmanager im Privathaus des damaligen PIN-Chefs Günter Thiel am Genfer See, um über die Zukunft der Firma zu sinnieren.« [24]

Nachdem die Idee geboren war, half die PIN Group tatkräftig mit, die neue Gewerkschaft zu gründen. Ein passender Name für das Retortenbaby war schnell gefunden: Gewerkschaft der Neuen Brief- und Zustelldienste (GNBZ). »Die GNBZ hatte nur ein Ziel: Zusammen mit dem ebenfalls auf Betreiben der Unternehmen gegründeten Arbeitnehmerverband sollte ein Tarifvertrag mit einem Mindestlohn von 7,50 Euro pro Stunde ausgehandelt werden. Das Ganze diente als Gegenmaßnahme zum Stundensatz von 9,80 Euro, den die Deutsche Post AG mit Ver.di vereinbart hatte«, vermeldete der Focus am 17. April 2008.

Nach langer Diskussion wurden durch die Bundesregierung im November 2007 die Post-Mindestlöhne beschlossen. Sie bewegten sich zwischen 8,00 Euro und 9,80 Euro und lagen damit weit über den von den Töchtern der PIN Group gezahlten Entgelten.

Dumpinglöhne

Die PIN Group stand mit dem Rücken an der Wand. Sie besaß keinen Handlungsspielraum mehr und schlug der GNBZ Gehälter in Höhe von 6,50 Euro (Ost) und 7,50 Euro (West) vor, die damit um rund zwanzig Prozent niedriger als die Postmindestlöhne waren. Die Gewerkschaft der Neuen Brief- und Zustelldienste, die angeblich um »gerechte und bezahlbare Löhne für alle« kämpfte, willigte ein. Die Folgen von solchen Dumpinglöhnen waren klar: Die Beschäftigen gingen zwar regelmäßig arbeiten, konnten aber von ihrem Einkommen nicht leben. Sie blieben deshalb auf ständige staatliche Zuschüsse angewiesen. Das war ein Musterbeispiel für ein modernes, sprich räuberisches Unternehmertum, bei dem Teile vom Profit durch den Staat finanziert wurden.

Ausgerechnet in diesem Fall hatte die Bundesregierung freilich keine Lust, die Kosten anderer Leute zu tragen. Kurzerhand erklärte sie die Post-Mindestlöhne für die gesamte Branche als verbindlich. Die PIN Group legte erwartungsgemäß gegen die Rechtsverordnung Klage ein. Aber es handelte sich nur noch um Rückzugsgefechte. Auf die Dauer ließ sich der Gesetzgeber nicht auf dem Gerichtsweg besiegen.

Anfang März 2008 errang die PIN Group einen Phyrrussieg. Das Berliner Verwaltungsgericht entschied, dass es unzulässig sei, den von Ver.di und dem Arbeitgeberverband der Post AG ausgehandelten Mindestlohn auf die Konkurrenz auszudehnen.

Nach dem Max & Moritz-Motto »Aber wehe, wehe, wenn ich auf das Ende sehe« gab es nur verhaltenen Jubel, zumal das Arbeitsministerium Berufung gegen das Urteil eingelegt hatte. Alle Messen waren längst gesungen.

Springer konnte und wollte die immensen Anlaufverluste nicht länger tragen. Das war im Dezember 2007 gewesen. Daraufhin trat PIN-Chef Günter Thiel von seinem Vorstandsposten zurück. Die PIN Group wurde zahlungsunfähig. Möglicherweise hätte das Unternehmen wegen eines unsoliden Geschäftsmodells ohnehin aufgeben müssen. So aber machte Springer den zu hohen Postboten-Mindestlohn für das Scheitern verantwortlich.

Mindestarbeitsbedingungengesetz: Es soll in Branchen ohne oder mit geringer Tarifbindung zum Einsatz kommen. Dafür soll nach britischem Vorbild („low-pay-commission") dauerhaft ein unabhängiger Hauptausschuss eingerichtet werden. So wird eine direkte staatliche Lohnfestsetzung vermieden. Das Gremium prüft, ob in einem Wirtschaftszweig soziale Verwerfungen herrschen, und entscheidet, ob dort Mindestlöhne festgesetzt, geändert oder aufgehoben werden. Besteht Handlungsbedarf, wird ein Fachausschuss gebildet, der die konkrete Höhe festlegt.

Die Regierung kann dann auf Vorschlag des Arbeitsministers diese Entgelte als Rechtsverordnung erlassen. Sie kann befristet werden. Die festgesetzten Mindestlöhne sind für alle Arbeitnehmer zwingend. CSU-Wirtschaftsminister Glos rang hier seinem SPD-Kabinettskollegen Scholz Zugeständnisse ab: Aus Gründen des Vertrauensschutzes gehen zum Stichtag 16. Juli 2008 bestehende Tarifverträge für die Zeit ihres Bestehens dem Mindestlohn vor. Tarifverträge, mit denen die Tarifvertragsparteien diese ablösen, genießen ebenfalls Vorrang. Die Gewerkschaften befürchten, dass Mindestlöhne deshalb unterlaufen werden können.

Der Spiegel, 11/2007

Insolvenzanträge

Die PIN Group hatte 91 Niederlassungen mit 11.400 Arbeitsplätze bundesweit betrieben. Nach und nach wurden für 37 Gesellschaften mit 7.000 Beschäftigten Insolvenzanträge gestellt.

Der Insolvenzverwalter Bruno M. Kübler fand beim Aktenstudium etwas Interessantes heraus: Die PIN Group hatte über eine Kölner Kanzlei mehr als 130.00 Euro an die neu gegründete Gewerkschaft gezahlt. Mit dem Geld wurden Büros, Mitarbeiter und Computer bezahlt. Der Geschäftsführer, der 66-jährige Arno Doll, ein ehemaliger Lebensmittelmanager bei Tengelmann, der noch auf Arbeitnehmerseite tätig gewesen war, soll von der PIN Group über 30.000 Euro an Gehaltszahlungen und von Oktober 2007 bis Januar 2008 monatliche Honorare in Höhe von 25.000 Euro erhalten haben.

Sowohl die PIN Group, als auch die Gewerkschaft dementierten den Vorwurf der direkten Einflussnahme. »GNBZ-Vorstand Doll erhalte ein monatliches Geschäftsführer-Gehalt gemäß Anstellungsvertrag von 3.500 Euro brutto. Die Behauptung, daneben beziehe der Geschäftsführende Vorstand weitere zusätzliche Honorare, sei »falsch und böswillig« interpretierte die Berliner Zeitung eine GNBZ-Erklärung. [25]

Die Gewerkschaft Ver.di erstattete Strafanzeige gegen die GNBZ wegen des Verdachts der Bestechlichkeit. Die Staatsanwaltschaft Köln sah keinen Anfangsverdacht vorliegen, weil die GNBZ keine Gegenleistung erbracht habe. Die GNBZ teilte in einer Presseerklärung vom 22. März 2008 mit: »Die in der Presse kolportierte angebliche Finanzierung durch die PIN-Holding ist für uns nicht nachvollziehbar. Die Zahlen stimmen ebenso wenig wie sonstige mitgeteilte Einzelheiten.«

Anwälte durchforsten Pin-Affäre

Döpfner

Beim Axel-Springer-Verlag sollen externe Rechtsanwälte jetzt Licht in die Affäre um die Briefzustellfirma Pin bringen. In den vergangenen Wochen war bekanntgeworden, dass die inzwischen insolvente Verlagstochter mitgeholfen hatte, die für das Unternehmen zuständige Gewerkschaft der Neuen Brief- und Zustelldienste (GNBZ) zu gründen und zu finanzieren. Die Kanzleien Hengeler Mueller und Skadden prüfen nun unter anderem, ob auch das Springer-Management um Konzernchef Mathias Döpfner in die heikle Gewerkschaftsgründung und -bezahlung involviert war. Untersucht werde auch, ob es Unregelmäßigkeiten bei der Führung der Pin durch das Management um den damaligen Chef Günter Thiel gegeben und der Verlag Schadensersatzansprüche habe, heißt es im Haus. Beauftragt wurden die Kanzleien vom Springer-Vorstand. Aufsichtsrat Gerhard Cromme, der auch als Aufseher bei dem von Korruptionsaffären erschütterten Siemens-Konzern wirkt, habe Döpfner nahegelegt, auf externe Anwälte zurückzugreifen, heißt es aus Crommes Umfeld. Der Verlag beteuert, der Vorstand habe weder von Details der Gewerkschaftsbildung gewusst, noch sei er aktiv beteiligt gewesen. Strafrechtlich können die Verantwortlichen vorübergehend aufatmen: Die Staatsanwaltschaft Köln hat die Strafanzeige der Gewerkschaft Ver.di wegen Bestechlichkeit der GNBZ abgewiesen: Es liege keine Bestechung vor, da die GNBZ keine Gegenleistung erbracht habe. Ver.di hat jedoch Beschwerde eingelegt.

Der Spiegel, 16/2008

Parallel dazu begann sich die PIN Group aufzulösen. Etliche Betriebe wurden verkauft, 44 gingen bislang in Konkurs. Rund ebensoviele nicht insolvente Gesellschaften blieben übrig. Aufgrund der engen Verflechtungen im Großraum Berlin zeichnete sich ab, dass die PIN MAIL AG Berlin durchaus profitabel werden könnte. Am 12. Juni 2008 wurde ein neuer Aufsichtsrat gewählt. Die drei ehemaligen Springer-Manager hatten kurz zuvor ihre Mandate niedergelegt. Die PIN MAIL Berlin AG begann, eigene Briefmarken herauszugeben und Briefkästen unter dem Slogan »Schick es grün« aufzuhängen.

Dr. Mathias Döpfner, Vorstandsvorsitzender der Axel Springer AG, hatte auf der Homepage der Gesellschaft als das Ziel des Unternehmens genannt: »Wir wollen im europäischen Mediengeschäft die Gewinner der Digitalisierung sein.« Im Bereich der Briefbeförderung war sie eindeutig der Verlierer gewesen. Die Gesamtverluste für die Axel Springer

AG sollen sich auf über 600 Millionen Euro belaufen haben. Der Name des Schuldigen war bekannt. Er hieß Klaus Zumwinkel.

Einige Wochen, nachdem sich Springer aus dem verlustreichen PIN-Geschäft zurückgezogen hatte, kam er auf die Abschussliste und wurde erledigt.

Die Axel Springer AG ist Deutschlands größter Zeitungsverlag mit rund 70 Titeln vom Rolling Stone Magazine bis zur Bildzeitung. Im Medienbereich hat niemand eine größere Macht. Darüber, ob Springer tatsächlich Zumwinkels tiefen Fall veranlasst hat, kann nur spekuliert werden. Bewiesen ist gar nichts, denn es gibt noch ganz andere Interessengruppen, die dafür in Frage kommen.

Am 24. September 2008 beschloss die Bundesregierung, dass die Deutsche Post ab dem Jahr 2010 ihr Steuerprivileg im Geschäft mit Großkunden verlieren und auf wesentliche Bereiche der Geschäftspost Mehrwertsteuer zahlen muss.

Das würde meinen Wettbewerbern so passen!
85 Prozent Ihres Umsatzes machen Sie mit Geschäftskunden, und die schauen in erster Linie auf den Preis. Das Land Berlin zum Beispiel lässt seine gesamte Post von Ihrem Konkurrenten Pin austragen.
Ja, der Berliner Senat spart ein paar Millionen bei den Portokosten. Aber diejenigen, die die Post austragen, gehen zur Sozialbehörde und sagen: Bitte stockt mir meinen Minilohn bis zum Existenzminimum auf. Und dann kann der Berliner Senat die gesparten Millionen gleich wieder ausgeben.
Was sagt denn der Regierende Bürgermeister Klaus Wowereit, wenn Sie ihm das erzählen?
Er guckt etwas verdutzt.
Viele Verbraucher sind bereit, für fair gehandelten Kaffee mehr zu bezahlen. Wollen Sie damit werben, dass Sie faire Löhne zahlen?
Ich will in erster Linie die Augen dafür öffnen, dass es in einer wichtigen Branche eine schwere Fehlentwicklung geben kann. In 20 Jahren als Vorstandsvorsitzender habe ich gelernt, dass Märkte im Prinzip seelenlos sind.

Stern, 13/2007

Dr. Mathias Döpfner

7. Kapitel

Chaos und ein Gefühl

Bei dem, was in Symbolen versteckt, verborgen ist, liegt nichts dahinter. So steckt das ganze Geheimnis der Freimaurerei darin, daß man meint, es sei etwas dahinter.

Georg Wilhelm Friedrich Hegel

Klaus Zumwinkel gehörte zu den mächtigsten Managern Deutschlands. Sein Netzwerk war extrem dicht geknüpft. Er hatte einen direkten Draht zu allen wichtigen Personen. Aber er litt an zu großer Selbstüberschätzung. Auf die Frage eines Journalisten, ob er im Hinblick auf sein Gehalt so viel leisten würde, wie einhundert Zusteller bei der Post, antwortete er: »Die Bezahlung ist eine Frage des Marktes, von Angebot und Nachfrage.« [26] Leider vergaß er dabei, dass sein Verharrungsvermögen auf der Position des Postchefs auch nur eine Frage des Marktes war.

Klaus Zumwinkels Sturz nützte vielen Leuten:

• An vorderster und damit sichtbarster Stelle rangierte Frank Appel, sein Nachfolger als Postchef (der allerdings schon lange vorher als legitimer Thronerbe gehandelt worden war).

• Ebenso dürften die Nachrücker in den diversen Aufsichtsräten und Verbänden nicht böse über den jähen Fall gewesen sein, frei nach einer Zeile aus dem Lied »König von Preußen«: »Der eine täts bedauern, der andre gönnt es mir.«

• Die Konkurrenz der anderen Briefzusteller war sicherlich hocherfreut, als ihr schlimmster Feind in der Versenkung verschwand.

• Der BND, als Beschaffer der hochbrisanten Informationen, konnte endlich einmal einen Pluspunkt verbuchen, nachdem er lange Zeit ausschließlich durch diverse Affären in die Schlagzeilen geraten war.

• Die Bundesregierung durfte sich in dem Lob sonnen, nicht nur die Armen abzuzocken, sondern auch etwas gegen die raffgierige Managerkaste zu unternehmen. (Gleichzeitig lenkte sie geschickt von den gravierenden Folgen der Immobilien- und Bankkrise ab, denn die Menschen sprachen plötzlich über Zumwinkel Zinsen und nicht länger über die Milliardenspritzen für wackelnde Finanzinstitute.)

• Auch die Staatsanwaltschaft und die Steuerfahndung profitierten davon, weil sie bis dahin in dem denkbar schlechten Ruf standen, nur kleine Handwerksmeister zu schikanieren und sich um die großen Fische nicht zu kümmern.

• Schließlich konnten die europäischen Großbanken sehr zufrieden sein, weil verschreckte Liechtensteiner Kunden plötzlich ihr Geld im großen Stil umverteilten.

Doch wer war der Macher hinter den Kulissen gewesen? Von wem war das gesamte Vorgehen autorisiert worden? Wer hatte den Befehl zum Zugriff erteilt? Wer hatte Zumwinkels Bürgerrechte außer Kraft gesetzt? Wer hatte das ZDF zur öffentlichen Hexenverbrennung eingeladen?

Ein ungenannt bleiben wollender Rechtsanwalt äußerte im Internetforum law-blog am 19. Februar 2008 schwerwiegende Bedenken gegenüber dem gesamten Vorgehen: »Bei allem politisch üblichen Populismus der Politiker sollte doch klar sein, dass es Rechtsstaat und nicht Empfindungsstaat heißt. Herr Zumwinkel ist mir gleichgültig, er ist nicht mein Mandant. Ganz und gar nicht gleichgültig ist mir jedoch die Dreistigkeit, mit der er im Rahmen eines Strafverfahrens vorgeführt und so die Unschuldsvermutung mit Füßen getreten wird. Manchmal überwiegt das Chaos und ein Gefühl, vielleicht doch immer mehr in einer Bananenrepublik zu leben.«

Auf diversen Internetseiten, die sich mit Verschwörungstheorien beschäftigten, wurden Geheimdienste, Freimaurer, Illuminaten und/oder die Bilderberger dafür verantwortlich gemacht. Nachdem diese Gruppen heimlich die Vereinten Nationen mit treuen Gefolgsleuten unterminiert, die Europäische Union gegründet und die Globalisierung durchgesetzt hätten, wäre dies ein weiterer wichtiger Schritt auf dem Weg zur absoluten Machtübernahme durch bereits im Verborgenen agierende geheimen Weltregierung gewesen.

vor leihen, um es dann lukrativ anzulegen. Letztlich, so versichern Finanzexperten, hat die Niedrigzinspolitik sogar einem relativ neuen Zweig der Finanzindustrie zum Durchbruch verholfen: Das Geschäft mit Beteiligungsfonds, auch Private Equity genannt, hätte ohne den riesigen Strom billigen Geldes weiterhin eher ein Schattendasein gefristet.

Die riesige Spekulationsparty führte ab 2003 in einen regelrechten Rausch. An allen möglichen Märkten kam es zu Überhitzungen – in Deutschland legte der Dax zwischen Frühjahr 2003 und heute um mehr als 200 Prozent zu, der Tec-Dax der Hightechfirmen verdreifachte sich ebenfalls.

Zwar kam es zu kleineren Korrekturen, nie aber zu einem breiten Absturz. Dazu war weltweit einfach zu viel Liquidität in Umlauf. Wer zu der Sause Zutritt hatte, konnte eigentlich nichts falsch machen.

Und das waren die Reichen dieser Welt, die Teile ihres Einkommens übrig hatten, um es gewinnbringend anzulegen. Damit ging auch hierzulande die Schere zwischen Arm und Reich immer weiter auseinander.

So stieg der Anteil der Gewinne und Vermögenserträge am Gesamthaushaltseinkommen in den vergangenen sieben Jahren um zehn Prozent, doch ist dieser Zuwachs nicht gleichmäßig verteilt. Denn die Geringverdiener haben in aller Regel keine Aktien, Anleihen oder vermietete Wohnungen. Ihr Nettoeinkommen ist in den vergangenen Jahren um fünf Prozent geschrumpft, während die reichsten zehn Prozent der Bevölkerung zehn Prozent mehr in ihren Portemonnaies haben.

Ab Mitte 2004 versuchten die Notenbanken, die von ihnen selbst verursachte Flut einzudämmen, indem sie schrittweise die

Der Spiegel, 44/2007

Geheimnisse, Rätsel und Mysterien zogen die Menschen schon seit jeher in ihren Bann. Dafür gibt es gute Gründe. Der englische Philosoph, Staatsmann und Jurist Francis Bacon (1561–1621) brachte sie auf die einfache Formel: »Knowledge is power« (Wissen ist Macht), und geheimes Wissen ist doppelte Macht. Schon immer und in allen Gesellschaftsordnungen, von der Pharao- bis zur Jetztzeit, gab es geheimes Wissen, das einer eng begrenzten Kaste als Mittel zur Herrschaft vorbehalten und der breiten Masse verschlossen blieb. Der Begriff Geheimgesellschaft bedeutet zum einen ganz simpel, dass eine Gesellschaft im Geheimen wirkte und zum anderen, dass sie sich mit geheimnisvollen oder tatsächlich geheimen Dingen beschäftigte.

Daraus erwachsen zwei Fragen: Gaben Freimaurer, Illuminaten oder Bilderberger den Befehl zu Zumwinkels Vernichtung? Existiert tatsächlich eine höhere Macht in Form der geheimen Weltregierung, die in der Bundesrepublik problemlos Recht und Ordnung außer Kraft setzen kann?

Die Freimaurer

Im Mittelalter blühte der Bau von Kirchen, Domen und Kathedralen. Dass es sich um eine hohe Kunst handelte, wird noch heute jedem Betrachter deutlich, der solch ein imposantes Bauwerk vor Augen hat. Schon der äußere Anschein verrät, dass außer vielen Handlangern auch absolute Spezialisten am Werk gewesen sein müssen, die sich perfekt in Architektur, Mathematik und Arbeitsorganisation auskannten. Der Bau eines Doms dauerte Jahrhunderte: Beispielsweise erfolgte der erste Spatenstich am Magdeburger Dom im Jahr 1208. Dem Jahr 1274 gehört der Chor mit zweigeschossigem Umgang und Kapellenkranz nebst den beiden unvollendeten Osttürmen an, das gotische Langhaus wurde 1363, die 1310 begonnenen Westtürme um 1520 vollendet. Über dreihundert Jahre lang gab eine Generation von Baumeistern das Wissen um die gedachte Gestalt in den sogenannten Bauhütten peinlich genau an ihre Nachfolger weiter, bis sich am Ende ein formvollendetes Gotteshaus erhob.

In England hießen die Bauhütten Lodges (Hütten), daraus entstand der Begriff »Loge«. Die britischen Steinmetze (Masons) bearbeiteten den feinkörnigen Kalk- und Sandstein (Freestone). Seit dem Ende des 14. Jahrhunderts wurden die »Freestonemasons« verkürzt »Freemasons« genannt, was den Ursprung für das eingedeutschte Wort »Freimaurer« bildete. Freimaurer bedeutet demnach »Sandstein bearbeitender Steinmetz« und nicht, wie häufig fälschlich angenommen, »freier Maurer«.

Mit der fortschreitenden Teilung zwischen kirchlicher und weltlicher Macht wurden weniger Kirchen gebaut und demzufolge weniger hochqualifizierte Bauleute benötigt. Eine nach der anderen Loge musste sich auflösen. Da machten sich die letzten Überlebenden einen seltsamen Umstand zunutze. Die Meister stellten nämlich fest, dass die Geheimniskrämerei in den Logen eine große Anziehungskraft auf Außenstehende ausübte. Aus den unterschiedlichsten Gründen wollten viele Leute, die gar keinen Bauberuf ausübten, zu Eingeweihten werden. Entweder versuchten sie den profanen Alltag künstlich zu mystifizieren, indem sie Dinge wussten, die andere nicht kannten; oder sie suchten Anschluss an eine verschworene Gemeinschaft, die keine vordergründig religiösen Ziele verfolgte. Nach und nach strömten so viele Fremde in die Logen, dass die echten Freemasons in die Minderheit gerieten. So kam es, dass die in den Logen offenbarten Geheimnisse immer mehr symbolischen Charakter annahmen. Dieser Prozess endete damit, daß sich 1717 vier Londoner Logen zur Großloge von

London vereinigten. Das Jahr 1717 wird deshalb auch als das offizielle Gründungsjahr der Freimaurerei angesehen.

Die Londoner Großloge nahm für sich in Anspruch, die Führerin aller anderen im Lande verbliebenen Logen zu sein. Am 17. Januar 1723 verabschiedete sie eine Satzung, die noch heute als die Haupturkunde der Freimaurer gilt und auf die sich alle späteren Freimaurer-Gesetzbücher zurückführen lassen. Die Mitglieder – Adlige, reiche Bürgerliche und Gelehrte – betrachteten die Logen vor allen Dingen als Orte, an denen sie ungestört die Ideale der französischen Revolution (Freiheit, Gleichheit, Brüderlichkeit) vorausleben konnten.

Von England strahlte die Idee des Freimaurertums auf andere europäische Staaten aus. 1737 nahm in Hamburg die erste Loge ihre Tätigkeit auf. Das ging deshalb so relativ schnell, weil das Gedankengut auf fruchtbaren Boden fiel. Vor allem junge Intellektuelle drängten in die sich allerorts ausbreitenden Logen. Sie wollten wenigstens in kleinem Kreis ihre humanistischen Ideale verwirklichen, mit Gleichgesinnten freien Gedankenaustausch pflegen und auf diese Weise Schritt für Schritt die fortschrittshemmenden Staats- und Glaubensschranken beseitigen.

Ohne jede Frage waren die Freimaurer in der Mitte des 18. Jahrhundert eine progressive Vereinigung, die einen großen Einfluss auf sämtliche Kunst- und Geistesschaffenden ausübte. Alle damaligen bedeutenden Männer – von Voltaire (1694–1778) über Lessing (1729–1781) und Goethe (1749–1832) bis hin zu Mozart (1756–1791) – waren (wenigstens eine gewisse Zeit lang) Freimaurer gewesen. Viele von ihnen einte das Bestreben, den Geist der Aufklärung aus der Brüderschaft hinaus in die Gesellschaft zu tragen. Ihre Ideen fußten auf dem Humanismus der Renaissance, der Reformation, der rationalistischen Philosophie und auf den Naturwissenschaften. Sie bekämpften den Feudalismus nebst seiner Ideologie und verstanden sich als geistige Wegbereiter der bürgerlichen Revolution. Sie erhoben die Forderung nach einer rechtlichen Gleichheit und Freiheit des einzelnen Bürgers.

In der zweiten Hälfte des 18. Jahrhunderts änderte sich das. Die politische Reaktion setzte sich durch. In ihrem Gefolge kamen viele mystische Praktiken mit geheimnisvollen Ritualen und allem möglichen Hokuspokus in die Freimaurerei. Die Gesetzbücher wurden immer dicker und die Forderungen nach einer total unpolitischen, unkritischen Lebensweise immer umfassender.

Zahlreiche enttäuschte Freimaurer verließen die Logen. Viele von ihnen wanderten nach Amerika aus, um dort in der neuen Welt ihre Ideale zu verwirklichen. Im amerikanischen Unabhängigkeitskrieg, der im Jahr 1775 begann, spielten Freimaurer eine große Rolle. Sie kämpften auf Seiten der 13 nordamerikanischen Kolonien gegen die britische Kolonialmacht. Der preußische Offizier und Freimaurer Friedrich Wilhelm von Steuben (1730–1794) z. B. verwandelte als Generalmajor das unerfahrene Freiwilligenheer in eine schlagkräftige Armee. Zu seinen Ehren findet alljährlich am dritten Sonnabend im September auf der Fifth Avenue in New York die traditionelle Steuben-Parade statt.

Oberbefehlshaber der Continental Army war der Freimaurer George Washington (1732–1799), der nach dem Sieg im Jahr 1783 zum ersten Präsidenten der Vereinigten Staaten gewählt wurde. Zahlreiche amerikanische Präsidenten nach ihm, unter ihnen James Monroe (1758–1831), Abraham Lincoln (1809–1865), Theodore Roosevelt (1858–1919), Franklin D. Roosevelt (1882–1945) und Harry S. Truman (1884–1972), waren ebenfalls in Freimaurerlogen aktiv.

Der deutsche Emigrant und Freimaurer Johann Jakob Astor (1763–1848) wurde durch gewagte Immobilienspekulationen zum reichsten Mann seiner Zeit und zum

Namensgeber des später im Auftrag seines Urenkels erbauten Waldorf-Astoria-Hotels.

Das bekannteste amerikanische Wahrzeichen, die Freiheitsstatue auf Liberty Island im New Yorker Hafen, war von den Freimaurern Frédéric August Bartholdi (1834–1904) und Gustave Eiffel (1832–1923) entworfen worden.

Der Illuminatenorden

Auch dem Illuminatenorden, der am 1. Mai 1776 von dem Ingolstädter Philosophen und Kirchenrechtler Adam Weishaupt (1748–1830) gegründet worden war, wird nachgesagt, als Geheimgesellschaft in den USA einen bedeutenden Einfluss gehabt zu haben. Dies würde u. a. am Großen Siegel der Vereinigten Staaten – dem offiziellen Dienstsiegel und Hoheitszeichen der USA – sichtbar. Bei dem Siegel ist auf der Rückseite eine unvollendete Pyramide zu sehen, über dem ein Auge in einem dreieckigen Schlussstein schwebt. Dieses, von einem Strahlenkranz umgebene Auge, wird Allsehendes Auge, Auge der Vorsehung oder Gottes Auge genannt. Es soll ein wichtiges Symbol der Illuminaten darstellen. Eine bekannte Abbildung davon ist beispielsweise auf der Rückseite der Ein-Dollar-Note verewigt.

Im Jahr 2000 veröffentlichte der amerikanische Schriftsteller Dan Brown den Roman »Illuminati«. Die Weltgesamtauflage beträgt bisher etwa acht Millionen Exemplare. Der große kommerzielle Erfolg hatte zur Folge, dass sich eine wahre Flut von Mystery- und Okkult-Thrillern auf die Buchläden ergoss und die Theorie von der geheimen Weltverschwörung der Freimaurer und Illuminaten zu neuem Leben erwachte.

Der Ursprung dafür lag in den zwanziger Jahren des vorigen Jahrhunderts. Der erzreaktionäre General und

Politiker Erich Ludendorff (1865–1937), der 1920 maßgeblich am Kapp-Putsch und 1923 am Münchener Putschversuch der Nazis beteiligt war, hatte anfangs mit der Freimaurerei geliebäugelt. Weil sie ihm jedoch zu schlapp erschien, um harte Charaktere zu bilden und Tatmenschen zu erziehen, veröffentlichte er 1927 im Eigenverlag eine wütende Schmähschrift unter dem Titel »Vernichtung der Freimaurerei durch Enthüllung ihrer Geheimnisse«. Ludendorff entwickelte darin einige Ansichten weiter, die der spätere Chefideologe des Nationalsozialismus Alfred Rosenberg (1893–1946) bereits im Jahr 1922 in seinem Pamphlet »Die Verbrechen der Freimaurerei« geäußert hatte. Im Dritten Reich wurde dann daraus der Begriff der »jüdisch-bolschewistischen Verschwörung des Weltfreimaurertums«.

Die These von der Verschwörung des Freimaurertums setzte sich in den Köpfen fest und überdauerte den Zusammenbruch der Nazidiktatur. Rund dreißig Jahre später bekam sie in Italien neue, handfeste Nahrung.

Die Loge P 2

Im Jahr 1966 war der ehemalige Faschist und spätere Matratzenfabrikant Licio Gelli (geb. 1919) der italienischen Freimaurerloge Propaganda 2 beigetreten, die ihren Namen in Anlehnung an die vatikanische Missionszentrale zur Verbreitung des katholischen Glaubens (propaganda fidei) trug. Er tat sich durch Engagement und Einfallsreichtum hervor und wurde recht bald ein enger Vertrauter wechselnder Logenmeister, um ab 1973 schließlich selbst dieses Amt auszuüben. Von diesem Zeitpunkt an konnten nur noch Personen Mitglieder werden, die hohe gesellschaftliche Positionen innehatten und bedeutende Funktionen in den unterschiedlichsten Bereichen bekleideten.

Gelli mietete ein Apartment im römische Hotel »Exelsior«, stattete es mit mehreren Telefonen und sonstigem Zubehör als Organisationszentrale aus und begann, die Loge P 2 in ein Zentrum der Verschwörung gegen den italienischen Staat umzuwandeln. Allen »Brüdern«, die nicht mitziehen wollten, machte der Großmeister recht drastisch klar, dass ihres Bleibens nicht länger sei. Als wichtigstes Druckmittel dazu benutzte er eine Sammlung von einhundertfünfzigtausend streng vertraulichen Akten, die ihm ein Zuträger beim italienischen Geheimdienst besorgt hatte. Sie dienten ihm ebenfalls dazu, neue Mitglieder zu »werben«. Andere Personen, die nicht erpressbar waren, korrumpierte er mit Versprechungen auf begehrte Posten.

Nach einer gewissen Zeit bekam die Sache eine unaufhaltsame Eigendynamik. In den einflussreichen Kreisen sprach sich herum, dass eine steile Karriere nur noch mit Protektion der P 2 möglich sei. Bald meldeten sich mehr Bewerber im Hotel »Exelsior«, als es dem Drahtzieher für seine Zwecke nötig erschien. Er begann auszuwählen. Beispielsweise nahm er Militärs nur noch vom Rang eines Hauptmanns an auf. Die Einflusssphäre des Großmeisters reichte bis in den Vatikan, obwohl katholischen Priestern die Mitgliedschaft in Freimaurerlogen untersagt war.

Worum ging es in der Hauptsache? Gelli kam es vor allem darauf an, die Loge P 2 zu einem Staat im Staate werden zu lassen. Die P 2 beging zahlreiche Morde an politischen Gegnern und verübte mehrere Attentate, wie zum Beispiel den Sprengstoffanschlag am 2. August 1980 auf den Bahnhof von Bologna, bei dem 85 Menschen starben und weitere 200 zum Teil schwer verletzt wurden. Der Sinn dieser Terrorakte bestand darin, die Lage im Land zu destabilisieren. Auch an der Entführung und Ermordung des christdemokratischen Politikers Aldo Moro (1916–1978) soll die Loge P 2 einen wesentlichen Anteil gehabt haben.

Licio Gelli gelang es, zahlreiche Regierungsämter der italienischen Republik mit seinen Gefolgsleuten zu besetzen und auf diese Weise eine konspirative Schattenregierung zu bilden. Kurz vor einem geplanten Staatsstreich wurde die Sache publik. Zahlreiche Personen kamen in Untersuchungshaft, umfangreiche Beweismaterialien konnten beschlagnahmt werden.

Ministerpräsident Arnaldo Forlani (geb. 1925) ordnete die Veröffentlichung der Mitgliederliste der inzwischen verbotenen Freimaurerloge P 2 an. Am Abend des 20. Mai 1981 übergab die Kanzlei des italienischen Ministerrates der Presse ein Verzeichnis, das neunhundertzweiundsechzig Namen von bekannten in- und ausländischen Persönlichkeiten umfasste. In der Liste standen unter anderem: Pasquale Bandiera (Stellvertretender Verteidigungsminister), Franco Di Bella (Chefredakteur der größten italienischen Tageszeitung »Corriere della Sera«), Guido Carli (Präsident des italienischen Unternehmerverbandes), Franco Colombo (Direkter der Nachrichtensendung des Fernsehkanals RAI 1), Bruno Tassan Din (Generaldirektor der Verlagsgruppe Rizzoli), Vittorio Forgione (Konteradmiral, Chef des Zentrums für militärische Nutzung der Atomenergie), Franco Foschi (Arbeitsminister), Pietro Longo (Sozialdemokratischer Parteichef), Francesco Malfatti (Generalsekretär des Außenministeriums), Enrico Manca (Außenhandelsminister), Pietro Musumeci (Stellvertretender Chef des militärischen Geheimdienstes SISMI), Adolfo Sarti (Justizminister), Michele Semprini (Leiter der Kanzlei des Regierungschefs), Carmelo Spagnuolo (römischer Generalstaatsanwalt) und Giovanni Torrisi (Admiral, Generalstabschef im Verteidigungsministerium).

Die Liste enthielt weiterhin die Namen von drei Staatssekretäre und dreiundvierzig Abgeordneten, von siebenundvierzig Industriellen, zweiundzwanzig Journalisten, vierzehn hohen Justizbeamten, dreiundvierzig Generälen sowie einhunderteinundvierzig weiteren Offizieren. Das Land geriet in eine schwere Krise, die Regierung musste zurücktreten.

Die geheime Weltregierung

Im 19. Jahrhundert entwickelte der französische Okkultist Alexandre Saint-Yves d'Alveydre (1842–1909) das Modell einer Herrschaftsform, die er Synarchie nannte. Die Idee bestand darin, dass eine gerechte Politik nur möglich sei, wenn die Macht von vielen, weit über die Erde verteilten Personen ausgeübt werden würde.

Heutzutage ist der Begriff Synarchie das Synonym für eine sogenannte geheime Weltregierung. Eine globale Verschwörungstheorie besagt, dass selbst der amerikanische Präsident (wie alle anderen Staatsmänner auch) nur noch eine willenlose Marionette sei. Die Fäden würden von der geheimen Weltregierung gezogen, die wahlweise aus Freimaurern, Illuminaten oder Mitgliedern anderer geheimer Zirkel wie der bereits erwähnten studentischen Elite-Organisation Skull & Bones, der Trilateralen Kommission oder der Bilderberg-Konferenz bestehen soll.

Das Problem bei den meisten Verschwörungstheorien besteht darin, dass sie häufig ein Körnchen Wahrheit enthalten, wie an offenkundigen Lügen deutlich sichtbar wird. Beispielsweise konnte das Attentat auf den amerikanischen Präsidenten John F. Kennedy (1917–1963) unmöglich – wie von der Warren-Kommission nach Abschluss der Untersuchungen behauptet – das Werk eines Einzeltäters gewesen sein. Der durch einen Militärputsch gestürzte chilenische Präsident Salvador Allende (1908–1973) verübte sicherlich keinen Selbstmord – wie die Militärjunta später verbreitete – sondern wurde erschossen. Und im Irak-Krieg ging es nicht – wie zu Beginn von der Propaganda beteuert – um Massenvernichtungsmittel oder Menschenrechte, sondern um nichts weiter als um Erdöl.

Im Sprichwort heißt es nicht umsonst »Wer einmal lügt, dem glaubt man nicht, auch wenn er dann die Wahrheit spricht.« Über die Bilderberg-Konferenz wurde beispielsweise verbreitet, sie wäre ein rein informelles Treffen auf privater Basis, das ohne jegliche Relevanz sei. Die erste Zusammenkunft fand im Mai 1954 fand im Hotel de Bilderberg (daher der Name) in Oosterbeek (Niederlande) statt. Es handelte sich um ein vom CIA finanziertes Meeting von Führungskräften aus Politik, Wirtschaft, Militär, Gewerkschaften, Medien und Hochschulen. Seitdem wird alljährlich eine solche dreitägige Versammlung abgehalten, an der zwischen 115 und 130 Personen teilnehmen. Zutritt erhält nur, wer eine Einladung vorweisen kann. Über den Inhalt der Gespräche wird strengstes Stillschweigen gewahrt. Zwei Drittel der geladenen Gäste stammen aus Westeuropa, ein Drittel aus Nordamerika. Klaus Zumwinkel war einer dieser Bilderberger. Vom Jahr 2002 an nahm er alljährlich an den Bilderberg-Konferenzen teil.

Eine Verschwörungstheorie besagt nun, dass dem Postchef verbindliche Weisungen hinsichtlich seines Engagements im US-Expressgeschäft erteilt wurden, denn der Kuchen war bereits verteilt. Zumwinkel habe sich jedoch geweigert, sich ohne Ausgleich der bereits entstandenen hohen Verluste zurückzuziehen und sei deshalb bei der geheimen Weltregierung in Ungnade gefallen.

Eine andere Verschwörungstheorie stellte einen Zusammenhang zum Post-Mindestlohn her. Der private Postkonkurrent TNT ist ein Ableger der Königlichen Post der Niederlande und musste durch die Einführung der Post-Mindestlöhne (ebenso wie die PIN AG) starke Verluste hinnehmen. Die erste Bilderberg-Konferenz war aber von Prinz Bernhard der Niederlande (1911–2004) einberufen worden, der anschließend 22 Jahre lang den Vorsitz innehatte. Außerdem gehörte auch Mathias Döpfner, Vorstandsvorsitzender der Axel Springer AG, zu den Teilnehmern der Bilderberg-Konferenz.

Wenn tatsächlich die Bilderberg-Konferenz für den Sturz Klaus Zumwinkels verantwortlich gezeichnet hätte, wäre er noch gut dabei weggekommen. Anderen Persönlichkeiten, die bei der Bilderberg-Konferenz in Ungnade gefallen sein sollen, wie dem Vorstandssprecher der Deutschen Bank, Alfred Herrhausen (1930–1989), und dem schwedischen Premierminister Olof Palme (1927–1986), erging es weniger gut. Sie wurden nämlich brutal ermordet.

Gegen die Verschwörungstheorie, die Bilderberger könnten die geheime Weltregierung sein, sprechen allerdings die Teilnehmerlisten. Zu den geladenen Gästen zählten vor allem Manager, Journalisten und Politiker, die, wie wir inzwischen wissen, nur zur unteren Stufe vom Zirkel der wahrhaft Mächtigen gehören. Falls es die geheime Weltregierung tatsächlich gibt, dann ist die Bilderberg-Konferenz nichts weiter als eine Zusammenkunft von Befehlsempfängern.

8. Kapitel

Die Fahndung

»Wir durchsuchen gerade wieder ein bisschen.«

Oberstaatsanwalt Eduard Güroff

Wenige Tage nach der Verhaftung von Klaus Zumwinkel wurde im Internet die Identität jenes Informanten enthüllt, der dem BND die Daten-DVD verkauft hatte. Es brauchte nicht lange gerätselt zu werden, wer für diese Indiskretion verantwortlich sein könnte. Die Behörden in Liechtenstein hatten allen Grund, über Heinrich Kieber verärgert zu sein. Der mehrfache Millionär befand sich seitdem auf der Flucht. Sein ergaunertes Geld nützte ihm nicht mehr viel, denn er schwebte in höchster Lebensgefahr. Mehrere Kopfgeldjäger sollen sich an seine Fersen geheftet haben. Es waren bekanntermaßen nicht nur Politiker und Manager gewesen, die ihr Geld in Liechtenstein angelegt hatten, sondern auch Angehörige der Russenmafia und des organisierten Verbrechens.

Am 13. März 2008 stellte das Fürstliche Landgericht in Vaduz einen internationalen Haftbefehl gegen Heinrich Kieber aus. Darin wurde er verdächtigt, Geschäfts- und Bankgeheimnisse ausgekundschaftet und Datendiebstahl begangen zu haben. Für den Fall der Verhaftung lautete der Antrag auf die sofortige Auslieferung.

Heinrich Kieber soll sich angeblich eine Farm im australischen Outback zugelegt haben, um dort in aller Ruhe seinen Lebensabend zu verbringen. Aus diesem Plan wird nicht mehr allzu viel werden.

Heinrich Kieber

Das Strafmaß

In der bundesdeutschen Abgabenordnung heißt es im Absatz 1 vom Paragraphen 370: »Mit Freiheitsstrafe bis zu fünf Jahren oder mit Geldstrafe wird bestraft, wer… Steuern verkürzt oder… nicht gerechtfertigte Steuervorteile erlangt.« Laut Absatz 3 kann in besonders schweren Fällen eine Freiheitsstrafe von sechs Monaten bis zu zehn Jahren ausgesprochen werden. Ein besonders schwerer Fall liegt vor, wenn »der Täter in großem Ausmaß Steuern verkürzt oder nicht gerechtfertigte Steuervorteile erlangt«.

Obwohl es in der deutschen Strafgerichtsbarkeit eigentlich keine Doppelbestrafung geben sollte, gelangte sie im Steuerrecht mit großer Härte zur Anwendung: Der verurteilte Steuersünder hatte seine Haftstrafe abzusitzen oder seine Geldstrafe zu bezahlen. Zusätzlich musste er die hinterzogenen Steuern in voller Höhe nachentrichten. Doch damit nicht genug. Zu dem Schuldbetrag kamen Zinsen in Höhe von 0,5 Prozent pro Monat hinzu. Dies galt ab dem Zeitpunkt, von dem an die Steuern hätten gezahlt werden müssen.

Für das Strafmaß gab es Richtwerte, die von Bundesland zu Bundesland geringfügig differierten. Im Normalfall wurde ab 50.000 Euro hinterzogenen Steuern eine Bewährungsstrafe fällig. Ab 250.000 Euro schickten die Gerichte den Steuersünder üblicherweise in die Haftanstalt. Und ab 500.000 Euro sah der Bundesfinanzhof eine Steuerhinterziehung in großem Ausmaß als gegeben an.

Ein Stuttgarter Kaufmann beispielsweise hatte von 1997 bis 2000 Einkommenssteuern und Gewerbesteuern in Höhe von 1,6 Millionen DM (= 820.000 Euro) hinterzogen. Am 18. Oktober 2006 wurde er vom Landgericht Stuttgart zu einer Freiheitsstrafe von drei Jahren verurteilt.

Ein Heilpraktiker aus Ibbenbüren häufte von 1998 bis 2003 Steuerschulden in Höhe von 900.000 Euro an. Am 29. April 2007 verurteilte ihn das Landgericht Münster zu einer Freiheitsstrafe von drei Jahren und sechs Monaten.

Doch es gibt immer Ausnahmen von der Regel. Ein Beamter des Finanzamtes Aschaffenburg z. B. hatte sich 160.000 Euro an eingenommenen Steuergeldern heimlich auf das eigene Konto überwiesen. Die Richter am Landgericht Würzburg fanden es weit weniger schlimm, fremdes Geld zu stehlen, als böswillig Steuern zu verkürzen. Sie ließen Gnade vor Recht ergehen. Am 18. Mai 2006 verurteilten sie den Finanzbeamten zu einer Freiheitsstrafe von zwei Jahren auf Bewährung und zu einer eher symbolischen Geldstrafe in Höhe von 9.000 Euro.

Damit lag der Finanzbeamte in etwa gleich auf mit einem Arnsberger Schrotthändler. Dieser hatte Steuern in Höhe von 30.000 Euro hinterzogen und unberechtigt Sozialleistungen in Höhe von 33.000 Euro kassiert. Das Amtsgericht Arnsberg verurteilte ihn am 20. Februar 2008 zu einer Bewährungsstrafe von 12 Monaten. Darüber hinaus musste er 150 Sozialstunden ableisten.

Der ehemalige Siemens-Manager Reinhard S. hatte angeblich im höheren Auftrag rund 50 Millionen Euro von Unternehmenskonten in Schmiergeldkassen umgeleitet. Für diese extrem große kriminelle Energie war er mit Prämien und Gehaltserhöhungen belohnt worden, doch von dem veruntreuten Geld selbst soll nichts in seinen eigenen Taschen kleben geblieben sein. Da er außerdem alles ausplauderte, was die Staatsanwaltschaft nur wissen wollte, ließ das Landgericht München am 28. Juli 2008 mehr als außergewöhnliche Milde walten. Reinhard S. kassierte eine Bewährungsstrafe von zwei Jahren. Als zusätzliche Sanktion wurden ihm 540 Tagessätze zu je 200 Euro auferlegt, das waren insgesamt 108.000 Euro. Die Geldstrafe betrug demzufolge lächerliche 0,216 Prozent der veruntreuten Summe. Reinhard S. hatte damit Josef Ackermann um Längen geschlagen. Der Deutsche Bank-Chef war, wie schon gesagt, mit einer Geldstrafe in Höhe von zehn Prozent des von ihm angerichteten Schadens davongekommen.

Die Händler auf dem Rechts-Basar

Kurz zuvor hatte es noch einen anderen aufsehenerregenden Prozess gegeben. Am 18. Juli 2008 musste sich – wie in der Einleitung schon kurz gestreift – der 66-jährige ehemalige Immobilienhändler Elmar S. vor dem Landgericht Bochum verantworten. Bei ihm ging es um rund elf Millionen Euro, die er seit 1985 nach und nach in Liechtensteiner Stiftungen angelegt hatte. In den Jahre 2001 bis 2006 soll er über 7,6 Millionen Euro an Steuern hinterzogen haben.

Laut der Definition des Bundesfinanzhofes lag er damit um etwa das Zehnfache höher, als der Eingangswert für eine Steuerhinterziehung in großem Ausmaß betrug. Trotzdem bekam Elmar S. nicht die Höchststrafe von zehn Jahren aufgebrummt, sondern – man höre und staune – lediglich zwei Jahre auf Bewährung.

Der schmale, mittelgroße Mann mit schütteren grauen Haaren nahm das Urteil ungerührt an. Der Grund war sonnenklar: Er hatte es schon vorher gekannt. Elmar S. war korrekt mit einem dunkelblauen Anzug und dezentem Binder gekleidet. An der linken Hand trug er eine teure Armbanduhr. Er hielt sich von den zahlreichen anwesenden Journalisten fern, von denen er durch eine Scheibe aus Panzerglas geschützt war. Im Gerichtssaal äußerte er sich kaum. Das Reden überließ er seinem Anwalt.

Der Vorsitzende Richter Gerhard Riechert sprach wohl wider die eigene Überzeugung, als er sagte: »Die Öffentlichkeit könnte glauben, man kann sich hier freikaufen. Aber dem ist nicht so.« [27]

Trotz dieser Beteuerung wurde es Elmar S. ermöglicht, sich das Gefängnis durch ein großzügiges Geldgeschenk an den Staat zu ersparen: Er musste eine Million Euro an die Landeskasse, 6,5 Millionen Euro an gemeinnützige Einrichtungen und 7,6 Millionen Euro an Steuern zahlen. 14,1 Millionen Euro sind ganz gewiss kein Pappenstiel. Es gibt viele Menschen, die weitaus weniger Bargeld zur Verfügung haben. Sie hätten einen solchen Deal also erst gar nicht schließen können.

Aber Elmar S. war in der Lage dazu gewesen. Ob er nun am Hungertuch nagen und sich in zerlumpten Sachen an Suppenküchen anstellen muss, wurde in der Verhandlung nicht erörtert. »Hier, in Saal C 240 des Bochumer Landgerichts wirkt der Ablauf wie geschauspielert, als werde nur noch herunter agiert, was vorher schon hinter verschlossenen Türen geprobt wurde. Schneller Prozess, mildes Urteil gegen Geständnis und handzahme Verteidigung.« [28]

VON ANDREAS FÖRSTER

BOCHUM. Nach vierzig Minuten Verhandlungsdauer fällt dem Vorsitzenden Richter Gerhard Riechert nichts mehr ein. „Das geht heute ja ungewöhnlich schnell, aber ich weiß jetzt auch nicht mehr, was wir noch erörtern könnten", sagt er am Freitag im Saal C 240 des Bochumer Landgerichts. Auch für Staatsanwälte und Verteidiger sind alle Fragen geklärt. Und so fällt das Urteil im ersten Prozess in der Liechtensteiner Steueraffäre schon nach zweieinhalb Stunden Verhandlung. Der 66-jährige Immobilienhändler Elmar Bernhard S. aus dem hessischen Bad Homburg erhält eine zweijährige Haftstrafe, die für vier Jahre zur Bewährung ausgesetzt wird; zudem muss er eine Million Euro an die Staatskasse und 6,5 Millionen an gemeinnützige Einrichtungen zahlen.

Trotz der immensen Geldstrafe, die eine der höchsten in der Bundesrepublik ist und die zusammen mit der bereits geleisteten Steuernachzahlung einen beträchtlichen Teil des Vermögens des Angeklagten auffrisst, ist Elmar Bernhard S. mit einem milden Urteil davongekommen. Immerhin hatte er über seine zum Teil seit 1985 existierenden Liechtensteiner Stiftungen allein in den Jahren 2001 bis 2006 mehr als 7,6 Millionen Euro an Steuern hinterzogen. Hinzu kommen noch rund 420 000 Euro Solidaritätszuschlag, die er dem deutschen Fiskus vorenthalten hat.

„Man kann über die Strafzumessung streiten", sagt selbst der Richter. „Die Öffentlichkeit könnte glauben, man kann sich hier freikaufen. Aber dem ist nicht so." Denn trotz des hohen Schadens, der dem Staat durch die Steuerhinterziehung entstanden ist, sei die Bewährungsstrafe angemessen. Der Richter begründet dies vor allem mit der bedingungslosen Kooperation des Angeklagten mit den Ermittlungsbehörden: Hatte dieser doch der Staatsanwaltschaft bereitwillig sämtliche Unterlagen über seine versteckten Geldanlagen ausgehändigt und ein umfassendes Geständnis abgelegt. Ein Glücksfall für die Ermittler, denn die vom Bundesnachrichtendienst erbeuteten Bankunterlagen – die die Affäre ins Rollen gebracht hatten – reichen nur bis ins Jahr 2002. Hinzu kommt, dass S. bereits eine Woche nach der Durchsuchung bei ihm im Februar damit begonnen hatte, seine Steuerschuld auszugleichen.

DPA/VENNENBERND

Staatsanwältin Lichtinghagen leitet die Ermittlungen.

Angesichts dieser Vorleistungen war der Prozess am Freitag denn auch nur noch reine Formsache. Zumal sich Richter, Staatsanwaltschaft und Verteidigung in einem Vorgespräch auf einen Strafrahmen geeinigt hatten.

Staatsanwältin Margaret Lichtinghagen wollte die Verhandlung dann aber doch nicht in allzu großer Harmonie ausklingen lassen. In ihrem Plädoyer las die Staatsanwältin dem Angeklagten die Leviten. Lichtinghagen leitet in der Staatsanwaltschaft Bochum die Ermittlungen in so genannten Liechtenstein-Affäre, die sich inzwischen gegen 900 Beschuldigte richten.

„Sozialschädliches Verhalten"

Sie habe sich während der Ermittlungen gefragt, warum wohlhabende Leute wie der Angeklagte, die auf der Sonnenseite des Lebens stünden, Steuern hinterziehen müssen, sagte die Staatsanwältin. Sie könne nur drei Gründe erkennen: Gier und die Macht des Geldes, die dazu führt, dass man keine Grenzen, auch keine gesetzlichen mehr akzeptiert. Und schließlich der Umstand, dass Steuerhinterziehung insbesondere bei Wohlhabenden zu einem Volkssport geworden ist. „Es ist schick, sein Geld nach Liechtenstein zu bringen oder ein Schweizer Konto zu haben", sagte Lichtinghagen. Ein solches Verhalten aber, wie es auch der Angeklagte an den Tag gelegt habe, sei sozial schädlich. „Und es ist unverantwortlich gegenüber den kommenden Generationen", sagte Lichtinghagen zum Angeklagten, „denen Menschen wie Sie eigentlich ein Vorbild sein sollten."

Berliner Zeitung, 19./20.07.2008

Im Strafverfahren ist es nicht ehrenrührig, einen sogenannten Deal abzuschließen. Das geht allerdings nur, wenn alle Beteiligten – also Staatsanwalt, Richter und Angeklagter – damit einverstanden sind. Der eine, also der Angeklagte, muss etwas anzubieten haben, was die anderen, das sind Staatsanwaltschaft und Richter, gerne haben möchten. Wenn es nichts zu offerieren gibt, findet auch kein Handel statt. Wenn aber doch, dann wird gefeilscht, wie auf einem orientalischen Basar. In der juristischen Fachliteratur wurde erläutet, weshalb das völlig in Ordnung war: »Große Fälle von Wirtschaftskriminalität sind oft so umfangreich und rechtlich kompliziert, dass sie kaum noch verhandelbar sind. Eine jahrelange Hauptverhandlung blockiert die Strafkammer und bringt am Ende auch nicht viel mehr an den Tag, als man zu Beginn schon überblickt.« [29]

Im Fall von Elmar S. war es das Täterwissen, was das Interesse der Anklage und des Gerichts weckte. Die von Heinrich Kieber gestohlenen Daten stammten aus dem Jahr 2002. Von der Sache her waren sie völlig wertlos, weil die Verjährungsfrist für Steuerstraftaten fünf Jahre betrug und damit schon abgelaufen war. Allerdings besaß die Staatsanwaltschaft weitergehende Informationen aus anderen Quellen, die noch nicht offengelegt wurden. Diese zusätzlichen Angaben brauchte sie auch, weil Liechtenstein trotz allem Drucks nicht kooperierte, sein Bankgeheimnis wahrte und deshalb keine Auskünfte über die dubiosen Geldanlagen übermittelte.

Dies bedeutete: Die Ermittlungsorgane wussten zwar, dass Elmar S. auch in den noch nicht verjährten Zeiträumen mit an Sicherheit grenzender Wahrscheinlichkeit Steuern hinterzogen hatte, aber sie konnten es ihm nicht beweisen. Sie waren deshalb auf die Kooperation des Angeklagten angewiesen.

Elmar S. tat genau das, was von ihm erwartet wurde. Bei einer Hausdurchsuchung war bei ihm kein belastendes Material gefunden worden. Der 62-jährige verspürte aber wenig

Interesse daran, längere Zeit in Untersuchungshaft verbringen zu müssen. Von der Staatsanwältin Margrit Lichtinghagen, die schon den Einsatz gegen Klaus Zumwinkel am 14. Februar 2008 persönlich geleitet hatte, wurde nämlich behauptet: »Wer nicht kooperiert, den schickt sie in Untersuchungshaft.« [30]

Deshalb holte der ehemalige Immobilienhändler drei dicke Ordner mit Kontounterlagen aus einem Geheimversteck und berichtete der Staatsanwaltschaft über alles, woran er sich erinnern konnte. Für diese umfassende Kooperation handelte er sich das Versprechen ein, nicht ins Gefängnis wandern zu müssen.

Als die Ermittler die übergebenen Akten studierten, wurde ihre Verwunderung immer größer. Es stellte sich nämlich heraus, dass sich Elmar S. an mehreren Spekulationsgeschäften beteiligt hatte. Dabei war ihm viel Geld verloren gegangen. Bei einer ganz normalen Geldanlage in Deutschland wäre im Endeffekt nahezu das Gleiche dabei herausgekommen, dann aber völlig risikolos.

In ihrem Plädoyer vor dem Landgericht Bochum versuchte die Staatsanwältin Lichtinghagen die Motive von Elmar S. zu erklären. Dabei lag es offen auf der Hand, was ihn angetrieben hatte: Gier, Machtgefühl und der Drang zur Steuerhinterziehung, dem Volkssport der Oberschicht.

Es gab geteilte Meinungen darüber, ob es klug gewesen war, den Pilotprozess in der sogenannten Liechtenstein Affäre auf diese Weise beginnen zu lassen. Elmar S. hätte auch ohne weiteres zehn Jahre Haft ohne Bewährung kassieren können.

Kritiker meinten, ein derartig mildes Urteil würde Nachahmungstäter nur dazu ermuntern, weiter fortzufahren.

Der Journalist Andreas Förster hingegen begrüßte in einem Kommentar die Freikaufaktion: »Davon hat die Allgemeinheit mehr als von einigen Reichen, die für ein paar Monate hinter Gittern sitzen.« [31]

Margit Lichtinghagen

Letzteres stimmte natürlich hundertprozentig. Reiche Leute haben im Gefängnis prinzipiell nichts verloren. Es sei denn, sie wären der Besitzer eines solchen.

Doch Spaß beiseite. In Wirklichkeit war es ein kluger Schachzug der Staatsanwaltschaft gewesen. Sie hatte mit Zuckerbrot und Peitsche hantiert. Klaus Zumwinkel bekam die Peitsche zu schmecken und Elmar S. das Zuckerbrot. Die Botschaft war klar und unmissverständlich: Wer kooperiert, kommt mit einem blauen Auge davon. Wer nicht, der wird den Raben zum Fraß vorgeworfen.

Das große Geld nach Art des Heinrich Kieber lockte auch Leute, die keine Lust hatten, sich mit der Polizei anzulegen und deshalb nach anderen, ungefährlicheren Wegen suchten. Die Idee war ganz einfach: Weshalb sollte der BND nicht ein zweites Mal mehrere Millionen Euro für eine Datensammlung bezahlen, wenn er das schon einmal getan hatte?

Am 3. März 2008 gründeten in Hagen drei Teilhaber eine Gesellschaft bürgerlichen Rechts. Das Unternehmen trug den bezeichnenden Namen Steuerverrat GbR. In ihrer Werbung redete die Gesellschafter nicht lange um den heißen Brei herum, sondern kamen sofort auf den Punkt: »Sie haben Kenntnis über einen Fall der Steuerhinterziehung? Sie besitzen vielleicht sogar Beweise? Sie möchten ganz leicht viel Geld aus diesem Wissen schlagen? Dann sind Sie hier richtig. Die Fa. Steuerverrat GbR übernimmt alle notwendigen Schritte für Sie. Wir werten Ihre (anonymisierten) Beweise aus und bieten Ihr Wissen den Finanzbehörden an. Wir handeln streng vertraulich. Und: Wir arbeiten ausschließlich auf Erfolgsbasis. Von den erzielten Belohnungen behalten wir lediglich einen Anteil von 15 % – der Rest ist für Sie.«

Dieser Geschäftsgedanke war gar nicht so verkehrt. Wenn die Finanzämter kein Problem damit hatten, anonymen Hinweisen und bösartigen Denunziationen zu folgen, könnte sich aus der Vermittlung von stichhaltigen Informationen ein florierendes Geschäft machen lassen. Der Datenklau in Banken kam nämlich viel häufiger vor, als gemeinhin vermutet wurde.

Das Problem der Diebe

Aber alle Diebe, so lehrte die Erfahrung, standen vor einem großen Problem. Das eigentliche Risiko lag nämlich nicht beim Beschaffen der geheimen Unterlagen, sondern beim Verkauf derselben. Beispielsweise hatte der Bankangestellte Roland L. vom Jahr 2000 bis zum Jahr 2003 bei der Liechtensteinischen Landesbank (LLB) 2.700 Dokumente abgelichtet und heimlich außer Haus geschafft. Wie bei der LGT Group betrafen viele dieser Datensätze deutsche Kunden.

> BERLIN. Die Affäre um deutsche Steuerflüchtlinge hat sich am Wochenende ausgeweitet. Bei einem Prozess in Rostock waren dem Gericht am Freitag von den Anwälten eines mutmaßlichen Erpressers Unterlagen von 1 850 Konten deutscher Staatsbürger bei der Liechtensteinischen Landesbank (LLB) übergeben worden. Mit der Liste hatte der Mann bereits mehrere Millionen Euro von der LLB erpresst. Unklar ist jedoch, ob diese Dokumente in jedem Fall ausreichen, um auch Steuerstrafverfahren gegen die Konteninhaber zu eröffnen.
>
> Die Kontodaten stammen aus den Jahren 2002/2003. Damals hatte ein Angestellter der LLB aus Computern der Bank Daten von solchen Konten kopiert, auf denen er Schwarzgeld vermutete. Mit den Daten wollte er die Bank erpressen. Er wurde damals festgenommen und sitzt seitdem in Haft. Eine Kopie der Kontenliste war auf bislang unbekanntem Weg zu dem jetzt in

Berliner Zeitung, 04.08.2008

Dieser Diebstahl blieb zunächst unentdeckt. Der fleißige Kopierer wurde allerdings dabei erwischt, als er 300.000 Schweizer Franken auf sein Privatkonto umzuleiten versuchte. Weil er sich dabei sehr diletantisch angestellt hatte, nahmen ihm dies seine Bosse ziemlich übel. Da half Roland L. noch nicht einmal der Umstand, dass er für die LBB 25 Jahre lang treu und redlich gearbeitet hatte. Der glücklose Betrüger bekam die ganze Härte des Gesetzes zu spüren. Im April 2004 wurde der damals 55-jährige zu viereinhalb Jahren Gefängnis verurteilt. Die Haftstrafe musste er in Salzburg in Österreich absitzen.

In der Zelle zog er den vermeintlichen Joker aus der Tasche. Er schlug der LLB ein Geschäft vor: Er verlangte seine Freilassung und 18 Millionen Schweizer Franken in bar. Im Gegenzug würde er die gestohlenen Datensätze zurückgeben.

Roland L. hatte zu hoch gepokert. Die LLB ließ sich auf keinen Handel ein. Ende 2006 wurde der Erpresser zu weiteren sechs Jahren Haft verurteilt. Nach der allgemeinen Rechtsauffassung in seinem Land bedeutete dies, dass er das Gefängnis erst wieder auf der Bahre verlassen würde.

Aber auch die LLB hatte die Gefahren unterschätzt. Sebastian B., ein Zellengenosse von Roland L., prügelte alle wichtigen Informationen aus dem ehemaligen Bankmitarbeiter heraus. Dann nahm er Kontakt zu seinem Kumpel Michael F. in Deutschland auf, der bereits in jungen Jahren eine erfolgreiche Karriere als Berufsverbrecher gestartet hatte.

Der inzwischen 48-jährige Michael F. war völlig skrupellos. Er hatte zahlreiche Banken ausgeraubt, den Sohn eines Rostocker Möbelhändlers entführt, bei seiner Festnahme einen Passanten erschossen und einen Polizisten mit mehreren Schüssen schwer verletzt. 1998 war er zu 15 Jahren Haft verurteilt worden. Im Strafvollzug verhielt er sich muster-

Freitags Liste

chen Landesbank spielen sensible Kundendaten eine Rolle. Sie

„Wenn ein Vermögen geschützt werden soll, dann muss das Vermögen auch schützenswert sein und darf nicht von einer Bank kommen, die selbst kriminell wird", sagte die Verteidigung.

Von Prozessbeginn an hatte sie die Strategie verfolgt, das Erpressungsopfer, die LLB, zum Täter zu erklären: Nicht Freitag, der ja angeblich nur ein Geschäft mit dei Bank abgewickelt habe, sei der Kriminelle, sondern die Vaduzer Landesbank. Was auch der Angeklagte kundtat, als er am ersten Verhandlungstag mit dem Pappschild „LLB = Kriminell" vor dem Gesicht den Gerichtssaal betrat.

DDP/DANNY GOHLKE

Berliner Zeitung, 06.08.2008

gültig. Im Jahr 2005 wurde er wegen guter Führung vorzeitig entlassen.

Er versprach Sebastian B. einen Anteil von zehn Prozent und fuhr gemeinsam mit zwei weiteren Komplizen zu dem geheimen Versteck, um die Unterlagen zu holen. Im Juli 2005 schlug das Trio der LBB einen Handel vor: 13 Millionen Euro im Tausch gegen die Datensätze. Parallel dazu verhandelten die drei Männer auch mit der Bremer Steuerfahndung. Die zeigte zwar Interesse, wollte aber im Gegensatz zum BND kein Geld ausgeben.

Bei der Bank lief es besser. Sie zahlte im August 2005 fünf Millionen Euro und im August 2007 vier Millionen Euro aus. Dafür erhielt die LBB den größten Teil der gestohlenen Unterlagen ausgehändigt. Die Schlussrate in Höhe von vier Millionen Euro sollte im Jahr 2009 im Austausch gegen die restlichen 700 Datensätzen beglichen werden.

Die drei Verbrecher waren reich. Sie hatten neun Millionen Euro kassiert. Aber sie konnten mit dem Geld nicht viel anfangen. Michael F. suchte und fand schließlich einen 45-jährigen Rostocker Anwalt namens Thomas L., der bereit war, ihm einen Teil des Schwarzgeldes zu waschen.

Der große Erfolg machte die Gangster leichtsinnig. Sie begannen, entgegen allen Absprachen mit der LBB, zwei deutsche Kunden der Bank zu erpressen. Diese wandten sich sofort hilfesuchend an die Liechtensteinische Landesbank. Damit wurde den dortigen Managern endgültig klar, dass es sich bei Michael F. und seiner Bande um keine verlässlichen Vertragspartner handelte. Die Banker schalteten einige erfahrene Privatdetektive ein, um die Sache diskret zu bereinigen.

Michael F. hingegen befand sich in dem Irrglauben, er habe alles im Griff. Am 3. September 2007 gab er seiner Mutter, Elisabeth F., eine Tasche, in der sich 1,4 Millionen Euro befanden. Sie sollte das Geld für ihn bei der Commerzbank in Rostock einzahlen und es im Anschluss auf eines seiner Konten in Thailand überweisen. Der Kassierer lächelte die Rentnerin freundlich an und verständigte sofort die Polizei. Die Ermittler zählten eins und eins zusammen und begannen mit der Observation. Sie vermuteten, dass es sich bei den 1,4 Millionen um die Beute aus Banküberfällen handelte.

Nach einiger Zeit bemerkte Michael F. die Schatten an seinen Fersen. Er verfiel in Panik und versuchte, nach Thailand zu fliehen. Auf dem Flugplatz wurde er festgenommen. In einem Aktenkoffer trug er 452.000 Euro bei sich. Das wäre das Ende gewesen, wenn nicht parallel dazu die von der LBB beauftragten Privatdetektive die Identität des Erpressers enthüllt hätten. Die Bank erstattete Strafanzeige bei der deutschen Polizei.

Am 11. April begann vor dem Rostocker Landgericht der Prozess gegen die drei Verbrecher und den Anwalt Thomas L., der ihnen bei der Geldwäsche geholfen hatte. Der Tatvorwurf lautete auf »gewerbs- und bandenmäßige Erpressung«. Die Staatsanwaltschaft prüfte, ob sie nicht gegen Michael F. und seine beiden mehrfach vorbestraften Komplizen Sicherheitsverwahrung im Anschluss an die zu erwartenden langjährigen Haftstrafen beantragen sollte. Das hätte jegliche Aussicht auf einen kurzen Gefängnisaufenthalt zunichte gemacht.

Anfang August schlugen die beiden Anwältinnen von Michael F. dem Gericht einen Tauschhandel vor: Sie würden die noch bei ihrem Mandanten verbliebenen 700 Datensätze herausgeben, wenn ihrem Mandanten eine erhebliche Strafminderung in Aussicht gestellt werden würde. »Die Staatsanwaltschaft hatte bereits vor den Gesprächen mit der Verteidigung ein milderes Strafmaß in Aussicht gestellt, sollten die Daten übergeben werden.« [32]

Das Ziel von Michael F. bestand darin, als freier Mann nach Thailand auszureisen. Diesmal war er sich keiner Schuld bewusst. Am ersten Verhandlungstag hatte er im Gerichtssaal eine Mappe aufklappt, in der innen mit Klebestreifen ein Blatt Papier befestigt gewesen war. Auf dem Zettel stand in Blockbuchstaben: »LLB = KRIMINELL«.

Michael F. sah sich wie eine Art Robin Hood auf derselben Stufe wie Heinrich Kieber stehen: Als ein Mann, der der Gerechtigkeit zum Siege verhelfen wollte und dafür eine Belohnung verdient hatte.

Weitere Informanten

Außer Manfred F. gab es noch andere Informanten, deren Identität allerdings streng geheimgehalten wurde. Die Rede war von vier weiteren DVDs mit detaillierten Nachweisen wie Gesprächsnotizen, Schriftwechsel und Depotauszügen, die der Staatsanwaltschaft in Bochum vorlagen und die aus anderen Quellen stammten. Diese Unterlagen reichten über das Jahr 2002 hinaus. Sie sollen auf eine weitere Bank in Liechtenstein sowie mehrere Finanzinstitute in anderen Ländern hinweisen.

Die Zahl der Verdächtigen hatte sich sukzessive erhöht. Waren es am Anfang nur 150 Beschuldigte gewesen, so stieg ihre Zahl im Laufe der Zeit stetig an. Es wurden 350 Ermittlungsverfahren eingeleitet, in deren Rahmen bisher 200 Hausdurchsuchungen in Frankfurt am Main, Hamburg, München, Stuttgart und Ulm stattfanden. Ein weiteres Hauptziel waren die Filialen von mehreren Banken in München, die enge Kontakte zum Fürstentum pflegten. Die Mitarbeiter dort sollen vermögenden Bundesbürgern bei der Steuerflucht ins Ausland geholfen haben.

Knapp 150 Millionen Euro an hinterzogenen Steuern wurden in diesem Zusammenhang bereits zurückgezahlt. »Dazu kommen noch einmal 330 Selbstanzeigen von Menschen, die sich irrtümlich auf der Listen wähnten.« [33] Sie zahlten freiwillig 130 Millionen Euro.

In 420 weiteren Fällen muss erst noch entschieden werden, ob die Sache Aussicht auf Erfolg haben könnte. In diesem Zusammenhang wurden auch über die Namen von mehreren Bundestagsabgeordneten spekuliert. Die Staatsanwaltschaft weigerte sich jedoch, deren Identitäten preiszugeben.

Insgesamt befanden sich 770 Verdächtige im Fadenkreuz

der Ermittler. Die von Heinrich Kieber verkaufte DVD hatte nur 600 Namen von deutschen Bürgern enthalten. Von diesen Kunden waren laut der Aussage der LGT Group aber längst nicht alle Steuersünder gewesen.

Oberstaatsanwalt Eduard Güroff erklärte gegenüber dem Berliner Tagesspiegel: »Ich bin überrascht über die positive Resonanz bei den Beschuldigten. Sie sind ausgesprochen kooperativ. Auch wenn es nicht mehr zur Selbstbefreiung von möglichen Strafverfahren reicht, kann die Kooperation zur Strafmilderung führen.« [34]

Im Oktober 2008 teilte die Staatsanwaltschaft Bochum mit, dass sie die Ermittlungen gegen acht Beschuldigte gegen die Zahlung von Geldauflagen in Höhe von insgesamt 6,7 Millionen Euro einstellen will.

Der SPIEGEL nannte die Namen von einigen Steuersündern: der Münchener Textilfabrikant Peter Frey, genannt Lodenfrey (1 Million Euro), der Hamburger Shampoo-Erbe Hans-Peter Schwartzkopf und der bayerische Landesdatenschutzbeauftragte Karl Michael Betzl (700.000 Euro).[35]

deutschen Ermittler zusehen. Zum Handel mit den Finanzbeamten schweigt er.

Auch der Inhaber eines Luxushotels in einer der schönsten Urlaubsgegenden Bayerns zeigte sich reuig. Fristgerecht beichtete der Mann, dass er Millionen seines Vermögens in Liechtenstein vor dem deutschen Fiskus in Sicherheit gebracht habe.

Mit einem längeren Ermittlungsverfahren muss dagegen der bayerische Landesdatenschutzbeauftragte Karl Michael Betzl rechnen. Betzl, einer der angesehensten Spitzenbeamten des Freistaats, soll bei der LGT Treuhand eine Familienstiftung mit rund 700000 Euro Vermögen besessen haben. Die Bochumer Staatsanwaltschaft musste das Verfahren inzwischen nach München abgeben. Denn Betzl, der zwar seinen Dienst versieht, das Amt des obersten Datenschützers aber ruhen lässt, wird auch Beihilfe zum Sozialversicherungsbetrug vorgeworfen.

Bei der Durchsuchung fand man etliche Briefumschläge mit jeweils 300 bis 500

Der Spiegel, 26/2008

Insgesamt reichte das Spektrum der Geldanlagen von 150.000 Euro bis zu 35 Millionen Euro. Etliche Millionäre wurden von ihrer Umwelt als solche gar nicht wahrgenommen. Sie wohnten in einfachen Mietwohnungen, waren schlecht gekleidet und kauften ausschließlich beim Discounter ein. Einer von ihnen soll sogar ein Hartz-IV-Empfänger gewesen sein. Allen saß die berechtigte Angst im Nacken, sie könnten ihr gesamtes Vermögen verlieren.

Im Internet sowie in Zeitungen und Zeitschriften erschienen Anzeigen von Anwälten und Steuerberatern, die ihren Mandanten eine möglichst schmerzfreie Abwicklung ihrer dringenden Probleme versprachen. In den Großkanzleien wurden die Termine knapp. Das Gebührenaufkommen stieg in astronomische Höhen.

Spezielle Agenturen priesen einen ganz besonderen Service an: Eine inszenierte Durchsuchung der Firma, um die Mitarbeiter mental auf den Ernstfall vorzubereiten, damit sie sich nicht verplapperten. In sogenannten Alarmplänen zur Steuerfahndung wurden hilfreiche Tipps gegeben, wie »Ruhe bewahren«, »Anwalt informieren«, »keine Aussagen machen«, »beschlagnahmte Unterlagen kopieren« und »Steuerberater nicht von der Schweigepflicht entbinden«.

Die Roland-Versicherung bot einen zum Problem maßgeschneiderten Universal-Straf-Rechtsschutz an: »Wir tragen die Kosten bei Straf- und Ordnungswidrigkeits-Verfahren auch bei Vorsatzdelikten. Wir übernehmen in jeder Phase die Kosten für Ihre professionelle Strafverteidigung. Über unseren 24-Stunden-Service können wir Ihnen frühzeitig qualifizierte Strafverteidiger und Sachverständige benennen.«

Nur die Firmen, die sich auf Anlagenberatung im Ausland spezialisiert hatten, besaßen schlechte Karten.

Fazit

Als Folge dieser Geschichte gibt es zwei Arten von Verlierern: Die geschassten Manager und die erwischte Steuersünder auf der einen und die wachsende Zahl der in Armut abrutschenden Menschen auf der anderen Seite. Trotzdem beide Gruppen von Verlusten betroffen sind, bestehen zwischen Ihnen wesentliche Unterschiede. Beispielweise sammelte Klaus Zumwinkel Briefmarken auf Burg Tenno und der Hartz-IV-Empfänger Max Mustermann leere Flaschen in Neukölln. Dennoch denken beide dasselbe: »Es ist doch erstaunlich, wie wenig man braucht, um glücklich zu sein. Aber noch erstaunlicher ist, dass einem ausgerechnet dieses Wenige fehlt.«

9. Kapitel

Ende gut, alles gut?

Das Recht darf nicht zur Vogelscheuche werden,
als ständ' es da, um Habichte zu schrecken,
und bliebe regungslos, bis sie zuletzt,
gewöhnt, drauf auszuruhn, statt zu fliehn.

William Shakespeare, Maß für Maß

Im Winterhalbjahr 2008/2009 fanden vier Gerichtsverfahren statt, die im Zusammenhang mit den Steueraffären rund um Liechtenstein standen und weitreichende Konsequenzen hatten.

Den Anfang machte – von der Öffentlichkeit noch weitgehend unbemerkt – am 2. Dezember 2008 ein Prozess am Bundesgerichtshof. Die Sache zum Aktenzeichen 1 StR 416/08 war an sich alltäglich und deshalb völlig unspektakulär. Es ging um den Inhaber einer Trockenbau-Firma, der über einen längeren Zeitraum mehrere Schwarzarbeiter beschäftigt hatte. Auf diese Weise entstand nach und nach ein Schaden in Millionenhöhe. Die bei der regen Bautätigkeit anfallenden Lohn- und Umsatzsteuern hatte der gute Mann nämlich in die eigene Tasche gesteckt und die Sozialabgaben nicht abgeführt. Er tat dies nach eigenem Bekunden, um konkurrenzfähig zu sein.

Wenn die fünf weisen Richter am BGH bei einem einfachen Urteil geblieben wären, hätte vermutlich kein Huhn und kein Hahn mehr nach ihrer Entscheidung gekräht. Aber nein, die hohen Juristen (unter ihnen befanden sich zwei Professoren und ein Doktor) wollten partout Rechtsgeschichte schreiben. Und so stellten sie eine Art Hit-Parade der Steuerhinterziehung auf, die verallgemeinernd

Maßstäbe für nachfolgende Verfahren setzte. Der Begriff »Kavaliersdelikt« kam in dem gesamten Urteil an keiner einzigen Stelle vor. Stattdessen hieß es:

1. Wenn der Täter unberechtigte Zahlungen vom Finanzamt erhalten hat, liegt das Merkmal »in großem Ausmaß« vor, sofern der Betrag 50.000 Euro übersteigt.

2. Bei einer Steuerhinterziehung kann das »große Ausmaß« höher angesetzt werden. Der Senat hält hierbei eine Wertgrenze von 100.000 Euro für angemessen.

3. Bei einem sechsstelligen Hinterziehungsbetrag wird die Verhängung einer Geldstrafe nur noch beim Vorliegen von gewichtigen Milderungsgründen schuldangemessen sein.

4. Bei Hinterziehungsbeträgen in Millionenhöhe ist eine Freiheitsstrafe unerlässlich.

Als Klaus Zumwinkel von diesem Urteil erfuhr, umwölkte sich seine Stirn sorgenvoll. Zum einen war die von ihm begangene Art der Steuerhinterziehung ganz klar der vierten Kategorie zuzuordnen, zum anderen saß ihm die Staatsanwältin Margrit Lichtinghagen im Nacken. Und die war scharf wie Schmidt's Katze. Doch zu seinem Glück gab es – wie wir bald erfahren werden – für beide Probleme eine saubere Lösung. Wie wichtig gute Freunde sind, erweist sich eben immer erst in der größten Not.

Der Post droht großes Ungemach

Aber zurück zu den Gerichtsverfahren. Nur selten verirrten sich sensationslüsterne Justizjunkies in die Korridore vom Oberverwaltungsgericht Berlin-Brandenburg, weil die staubtrockene Luft dort die Atemwege reizte und die würdevollen Herren in den schwarzen Roben Regenschirme verschluckt zu haben schienen. Am 18. Dezember 2008 war das nicht anders, obwohl es an diesem Tag um die Wurst ging. Die Richter in dem Verfahren mit dem Aktenzeichen OVG 1 B 13.08 befanden nämlich unter anderem, dass der von der Bundesregierung beschlossene Post-Mindestlohn in seiner Ausdehnung auf die gesamte Branche mit dem Grundgesetz nicht vereinbar und deshalb rechtswidrig sei.

Das war starker Tobak, knochenhart verpackt. Aber glücklicherweise hatte das OVG ein Hintertürchen offen- und die Revision gegen das Urteil zugelassen. Damit ging die Sache in die nächste Runde. Irgendwann wird sich das Bundesverwaltungsgericht mit dieser spannenden Frage befassen. Bis dahin hatte die Deutsche Post eine letzte Galgenfrist, denn die Mindestlohnverordnung bleibt bis zum Endurteil in Kraft.

Doch damit nicht genug. Noch in einem anderen Punkt drohte der Post großes Ungemach: Am 24. September 2008 beschloss die Bundesregierung eine Änderung des Umsatzsteuergesetzes. Danach soll ab dem Jahr 2010 die Deutsche Post ihr Mehrwertsteuerprivileg bei der Beförderung von Sendungen ihrer Großkunden verlieren. Außerdem erhalten jene Briefdienstleister, die flächendeckend versorgen können, ab dem Jahr 2010 das Mehrwertsteuerprivileg zugestanden. Damit ist klar, dass die Deutsche Post ihren Marktanteil von derzeit 90 Prozent nicht länger halten können wird.

Ein blaues Auge für den Berufsverbrecher

Aber wir wollen nicht abschweifen. Zurück zum dritten wichtigen Gerichtsverfahren: Am 23. Januar 2009 fand am Landgericht Rostock der Prozess gegen den ehemaligen Bankräuber und LBB-Erpresser Michael F. sein überraschendes Ende. Überraschend deshalb, weil der Handel, den seine beiden Anwältinnen dem Gericht vorgeschlagen hatten, nach langen und zähen Verhandlungen doch noch zustande gekommen war. Der Vorsitzende Richter wertete die Übergabe der illegal erlangten Datensätze an die Strafverfolgungsbehörden als besonders strafmildernd. Der skrupellose Berufsverbrecher Michael F. kam mit einem blauen Auge davon. Aus der für ihn von der Staatsanwaltschaft geforderten Sicherheitsverwahrung wurde nichts. Anstatt den Rest seines Lebens angemessen hinter Gittern zu verbringen, muss er nur für fünf Jahre und drei Monate ins Gefängnis. Das bedeutet, dass er bei guter Führung wahrscheinlich in drei Jahren wieder ein freier Mann sein wird. Da ein Großteil der erpressten neun Millionen Euro verschwunden geblieben ist, steht einem geruhsamen Lebensabend in Thailand nicht mehr viel entgegen.

Den Komplizen von Michael F. erging es noch besser. Sie kamen alle mit Bewährung davon. Für sie hatte die Staatsanwaltschaft auf Haftstrafen von jeweils drei Jahren und neun Monaten plädiert.

Doch die Gesetzeshüter konnten trotzdem ganz zufrieden sein. Auf Grund der von Michael F. übergebenen Unterlagen war es ihnen möglich, Ermittlungsverfahren gegen rund 1.000 LBB-Kunden aus Deutschland einzuleiten. Die in der Mehrzahl honorigen Bürger (von Apothekern über Bundestagsabgeordnete bis hin zu Universitätsprofessoren) hatten massiv Steuern hinterzogen. Ihr Anlagevolumen umfasste den beachtlichen Betrag von knapp eine Milliarde Euro. Steuernachzahlungen, Zinsen und Strafgelder würden einen beträchtlichen Teil davon auf dem direkten Weg in die Staatskasse spülen. Dem Finanzminister, der infolge der Bankenkrise einen Schutzschirm nach dem anderen aufspannen musste, kam dieser warme Regen sehr zupass.

Insofern war es natürlich völlig in Ordnung, dass das Rostocker Landgericht noch einmal Gnade vor Recht ergehen ließ. Nur einige notorisch unterbezahlte Zeitungskommentatoren maulten frustriert, dass es sich bei diesem Deal um knallharte Hehlerei und damit eine strafbare kriminelle Tat handeln würde. Michael F. habe nichts anderes getan, als es nun der Staat tun würde: Von einem Dieb gestohlene Unterlagen zu verwenden, um eigenen Profit daraus zu ziehen.

Theaterstück in zwei Akten

Am 22. Januar 2009, nahezu zeitgleich mit dem Prozess in Rostock, wurde in Bochum der erste Akt eines anderen Theaterstücks aufgeführt, das ebenfalls den hübschen Titel »rechtsstaatliches Verfahren« trug. Klaus Zumwinkel, flankiert von zwei Anwälten, trat als Angeklagter auf die Bühne vom Saal C 240 des Bochumer Landgerichts. Der Andrang des wissbegierigen Publikums, unter ihnen auch etliche Postmitarbeiter in ihren schmucken gelben Jacken, war ähnlich groß wie seinerzeit im sensationellen Fall der Vera Brühne. Doch nur wenigen Glücklichen gelang es, einen der raren Zuschauerplätze in einem aus Sicherheitsgründen durch eine Glasscheibe vom Verhandlungssaal getrennten Kabuff zu ergattern. Den größten Teil der Sitze nahmen Presse, Funk und Fernsehen in Beschlag.

Wolfgang Mittrup, der Vorsitzende Richter der 12. Strafkammer für Wirtschaftssachen, beeilte sich zu beteuern, dass es in der Verhandlung zum Aktenzeichen 12 KLs 350 Js 1/08 keinerlei Vorabsprachen gegeben hätte. Der Ausgang sei deshalb völlig offen. Wie um dies zu untermauern war das Gericht in großer Besetzung angetreten: Drei Berufsrichter und zwei Schöffen neigten würdevoll ihre Häupter. Vor ihnen auf dem Tisch lag die Strafprozessordnung. Im Paragraphen 1 stand bedeutungsschwer: »Keine Strafe ohne Gesetz«.

Klaus Zumwinkel im grauen Anzug, blauen Hemd und rot-weiß gestreifter Krawatte machte gute Miene zu diesem Spiel. Er stellte sich vor Verhandlungsbeginn einem ausgedehnten Fotoshooting und beantwortete später bereitwillig jede Frage des Gerichts. »Meine Vornamen lauten Klaus, Peter, Richard und Otto. In meiner Freizeit gehe ich nicht Bergwandern, sondern Bergsteigen. Ich bereue mein Fehlverhalten und werde die strafrechtlichen Folgen mit Einsicht tragen.«

Glücklicherweise gab es für ihn wesentlich weniger zu bereuen, als es ursprünglich geschienen hatte. Der Betrag der von ihm hinterzogenen Steuern hatte sich inzwischen auf knapp 970.000 vermindert. Damit war er – hokus, pokus, fidibus – vom vierten BGH-Rang der bösen, bösen Steuersünder in die wesentlich angenehmere Kategorie der ausnahmsweise auf Milde hoffen dürfenden Steuerverkürzer gerutscht.

Der überlastete Haftrichter

Der Grund dafür war ein absonderlicher Zufall. Aber, wie wir wissen, geht das Leben manchmal seltsame Wege. Diesmal wählte es einen stark überlasteten Haftrichter, um zum Ziel zu kommen. Der Mann für Recht und Ordnung hatte bis über beide Ohren in Arbeit gesteckt und deshalb (peinlich, peinlich) im Februar 2008 den mit einem Durchsuchungsbeschluss verbundenen Haftbefehl gegen den ehemaligen Postchef zwölf Stunden zu spät ausgestellt. Zwölf Stunden können manchmal sehr lang sein. In diesem Fall reichten sie dazu aus, dass ein Teil der von Klaus Zumwinkel begangenen Steuerstraftaten verjährt war. Sie konnten deshalb nicht mit angeklagt werden. Im Ergebnis rutschte Klaus Zumwinkel unter die magische Ein-Millionen-Grenze.

Auch das Problem mit der Staatsanwältin Lichtinghagen gab es nicht mehr. Die Anklageschrift im Prozess vor dem Landgericht Bochum war von ihrer jüngeren Kollegin Daniela Wolters verlesen worden. Margrit Lichtinghagen, die den Manager am 14. Februar 2008 verhaftet hatte, stand für diese Aufgabe nicht mehr zur Verfügung. Bei ihr waren schwere Dienstvergehen entdeckt worden. Aus dem Nordrhein-Westfälischen Justizministerium hieß es, Untersuchungen hätten schlimme Dinge bezüglich von aus Steuerstrafverfahren stammenden Geldbußen ergeben. Von Frau Lichtinghagen wären in den vergangenen 15 Jahren Summen in Millionenhöhe an ihr nahestehende gemeinnützige Vereine und Organisationen verschoben worden. Darunter sei z. B. eine bekannte Privatuniversität, an der eine ihrer Töchter studieren würde.

Verantwortungsbewusste Menschen wären bei diesen Vorwürfen sofort nach Amerika ausgewandert. Margrit Lichtinghagen hingegen stritt alles ab. Das konnte natürlich nicht gut gehen, auch wenn es an konkreten Beweisen mangelte. Schließlich wurde ihr ein Angebot gemacht, dass sie nicht ablehnen konnte. Im Ergebnis bat sie auf eigenen Wunsch um die Entlassung aus dem staatsanwaltlichen Dienst und wechselte als Richterin an das Amtsgericht Essen. Danach meinte sie sichtlich zerknirscht: »Dass ich den Fall Zumwinkel übernommen habe, war der größte Fehler meines Lebens. Ohne diesen Fall wäre ich heute immer noch eine glückliche Staatsanwältin.« Das staunende Publikum freute sich zu hören, dass in diesen schweren Zeiten, wo es an Arbeitsplätzen mangelte, einer Staatsanwältin, die 15 Jahre lang ununterbrochen Dienstvergehen begangen hatte, immer noch ein warmer und gutbezahlter Richterposten sicher war. (Frank L., dem Mitarbeiter eines Supermarkts, erging es weniger gut. Nachdem er während der Arbeitszeit eine Flasche Brause getrunken hatte, ohne diese vorher bezahlt zu haben, wurde er fristlos entlassen. Zu Recht – wie das Arbeitsgericht Frankfurt bestätigte, Az.: 7 Ca 4568/07).

Als Amtsrichterin in Essen war Margrit Lichtinghagen meilenweit von Bochum entfernt und in keiner Weise mehr für den Zumwinkel-Prozess verantwortlich. Der Vorsitzende Richter am Landgericht konnte deshalb am Ende der Verhandlung im Brustton der Überzeugung erklären, dass die Reue, die der Angeklagte gezeigt habe, glaubhaft wirken würde.

Das lang erwartete Urteil

Am 26. Januar 2009 hob sich der Vorhang zum zweiten Akt. Es erfolgte der lang erwartete Urteilsspruch. Er fiel wenig überraschend aus. Klaus Zumwinkel wurde – entsprechend dem Antrag der Staatsanwaltschaft – zu einer auf Bewährung ausgesetzten Haftstrafe von zwei Jahren verurteilt. Darüber hinaus musste er eine Geldbuße als Bewährungsauflage in Höhe von einer Million Euro bezahlen – und zwar zusätzlich zu den rund 3,9 Millionen Euro an Steuern, Zinsen und Gebühren, die er schon entrichtet hatte.

Am Hungertuch wird der in Ungnade gefallene Manager deshalb nicht nagen. Zu seinen Vermögensverhältnissen befragt, hatte er erklärt, dass er über Geldwerte in Höhe von acht Millionen Euro verfügen würde. In einem Zeitungsinterview sagte er später: »Am Ende trage ich die Verantwortung, und dazu stehe ich.«

Draußen vor der Tür vom Landgericht Bochum hatten sich einige humorlose Menschen versammelt, die Transparente schwenkten. Auf ihnen standen Losungen zu lesen wie: »Wird der Rechtsstaat auch zur Leiche – Freiheit für besonders Reiche« und »Alle Menschen sind vor dem Gesetz gleich – je reicher, desto gleicher.«

Anhang

Ausgangsbasis für eine Steuerreform des Fürstentums Liechtenstein

1. Steuerreform des Fürstentums Liechtenstein

Der geplanten Steuerreform des Fürstentums Liechtenstein liegt das Ziel zugrunde, das bestehende Steuergesetz so anzupassen, dass Liechtenstein auch in Zukunft über ein national wie international attraktives sowie wettbewerbs- und leistungsfähiges Steuersystem verfügt. Ein Steuersystem, das den aktuellen und zukünftigen Ansprüchen des 21. Jahrhunderts wirtschaftlich und gesellschaftlich umfassend Rechnung trägt und es Liechtenstein ermöglicht, sich auch weiterhin als international erfolgreicher Wirtschaftsstandort und Finanzplatz zu positionieren und von dem langfristig alle profitieren können.

2. Vorgehensweise

Als Ausgangsbasis für eine Reform des Steuerrechts des Fürstentums Liechtenstein dient die im vorliegenden Dokument dargestellte FL Tax Roadmap. Als nächster Schritt erfolgt die Festlegung eines Vorgehensplans und die konkrete Ausarbeitung einer FL Steuerreformkonzeption bis Ende 2007 im Sinne einer ganzheitlichen liechtensteinischen Steuerstrategie für natürliche und juristische Personen sowohl aus rein nationaler als auch insbesondere aus internationaler, speziell europäischer Sicht. Daran anschließend stellt sich die Aufgabe, die FL Steuerreformkonzeption als

Gesetzentwurf zu formulieren und im Jahr 2008 einen entsprechenden Vernehmlassungsbericht zur Revision des FL Steuergesetzes zu erarbeiten.

3. FL Tax Roadmap

Zielsetzung

Der vorliegenden FL Tax Roadmap liegt das Ziel zugrunde, die wesentlichen Grundgedanken und Leitlinien für eine Reform des Steuerrechts des Fürstentums Liechtenstein zu formulieren. Dementsprechend beinhaltet sie ausschließlich die Rahmenbedingungen für die konkrete Ausarbeitung eines FL Steuerreformkonzepts, nicht aber weitergehende Konkretisierungen. Die im Einzelnen nachfolgend dargestellten Grundgedanken und Leitlinien sind in ihrer Gesamtheit zu betrachten und bedingen sich einerseits, können andererseits aber auch konkurrierend nebeneinander stehen. Die Basis der vorliegenden FL Tax Roadmap besteht insbesondere in den steuerpolitischen Grundsätzen, welche die Regierung des Fürstentums Liechtenstein anlässlich der Bestellung und Beauftragung der Arbeitsgruppe am 31. Oktober 2006 beschlossen hat. Diese umfassen die Kriterien Steuergerechtigkeit und Steuertradition, Einfachheit und Transparenz, Internationale Kompatibilität, Internationale Wettbewerbsfähigkeit und Attraktivität, Aufkommensneutralität, Entscheidungsneutralität und Europarechtliche Konformität.

Arbeitsgruppe

Die Ausarbeitung der vorliegenden FL Tax Roadmap wurde durch die gemäß Regierungsbeschluss vom 31. Oktober 2006 beauftragte Arbeitsgruppe vorgenommen, die aus verschiedenen Steuerrechtsexperten aus Politik, Verwaltung, Wissenschaft, Industrie und Finanzdienstleistung besteht. Im Einzelnen gehören dieser Arbeitsgruppe Prof. Dr. Martin Wenz (Vorsitzender), Edgar Nipp (stv. Vorsitzender), Marco Felder, Dr. Urs Gähwiler, Dr. Thomas Nigg und Hans Saxer an. Weitere Mitglieder können jederzeit – sofern erforderlich – ad hoc bestellt werden.

Grundgedanken und Leitlinien

Die Verfassung für das Fürstentum Liechtenstein verlangt, dass auch das zukünftige liechtensteinische Steuersystem für eine gerechte Besteuerung unter Freilassung des Existenzminimums und mit stärkerer Heranziehung höherer Vermögen oder Einkommen sorgt. Das zukünftige liechtensteinische Steuersystem soll darüber hinaus entscheidungsneutral ausgestaltet sein und für eine Gleichbehandlung der Steuerpflichtigen in Bezug auf gleiche Sachverhalte sorgen sowie Personen mit einer über den Veranlagungszeitraum hinaus gleichen Leistungsfähigkeit auch gleich besteuern und dadurch insgesamt eine faire und gerechte Besteuerung nach Massgabe der individuellen wirtschaftlichen Leistungsfähigkeit sicherstellen. Das Kriterium der Aufkommensneutralität erfordert, dass das zukünftige liechtensteinische Steuersystem im Ergebnis im Zeitablauf insgesamt keine wesentlichen Aufkommensunterschiede auslöst. Änderungen in den Steuerarten, im Steuersystem, den Steuerbemessungsgrundlagen und Steuersätzen sind entsprechend vorzunehmen. Dabei können kurzfristig Steuerausfälle durchaus auftreten, die aufgrund der gestärkten Wettbewerbsposition Liechtensteins kompensiert werden sollen. Das Kriterium der Entscheidungsneutralität bedingt, dass das zukünftige liechtensteinische Steuersystem die Entscheidungen über verschiedene Handlungsalternativen von privat oder unternehmerisch agierenden Wirtschaftssubjekten möglichst nicht beeinflusst. Es soll daher grundsätzlich keinen Einfluss auf die Entscheidung zwischen Konsum und Sparen, zwischen verschiedenen Rechts- und Organisationsformalternativen, Investitions- und Finanzierungsalternativen sowie auf die Entscheidung zwischen Gewinnausschüttung und -einbehaltung haben. Ein entscheidungsneutrales Steuersystem erfordert keine ständigen Anpassungen und stellt demzufolge eine umfassende Rechts- und Planungssicherheit entsprechend der liechtensteinischen Steuertradition sicher. Die Kriterien der Wettbewerbs- und Leistungsfähigkeit sowie der Attraktivität erfordern, dass das zukünftige liechtensteinische Steuersystem die Wettbewerbsfähigkeit von national und international tätigen Wirtschaftssubjekten möglichst wenig einschränkt und zu keinen Zusatzbelastungen im grenzüberschreitenden Verhältnis führt. Es soll daher national wie international attraktiv, zudem aber auch leistungsfähig sein, um den Staat und die Gemeinden in ausreichendem Umfang mit finanziellen Mitteln auszustatten und die Position Liechtensteins im internationalen Steuerwettbewerb zu stärken. Die Kriterien der Einfachheit und Transparenz bedingen, dass das zukünftige liechtensteinische Steuersystem die Anzahl an unterschiedlichen Steuerarten reduziert sowie die Ausgestaltung der Steuerarten vereinfacht. Dementsprechend führt es zu einer Reduktion der Komplexität und zu einer Erhöhung der Einfachheit und Transparenz, aber auch zu einer größeren nationalen sowie internationalen Wettbewerbs- und Leistungsfähigkeit sowie Attraktivität des liechtensteinischen Steuersystems, auch im Vergleich zu anderen nationalen Steuersystemen. Die konkrete steuerliche Belastung natürlicher und juristischer Personen kann dementsprechend einfacher ermittelt und die steuerliche Behandlung verschiedener Sachverhalte leichter nachvollzogen werden. Dadurch reduzieren sich die Kosten der Steuerdeklaration und erhöht sich die Effizienz der Steuerverwaltung. Das Kriterium der internationalen Kompatibilität erfordert, dass das zukünftige liechtensteinische Steuersystem nicht nur über eine niedrige, individuell als Staat bestimmbare Höhe der Steuerbelastung verfügt. Vielmehr soll es auch mit den Steuersystemen anderer Staaten kompatibel sein und die Voraussetzungen schaffen, um von den Vorteilen und Chancen zu profitieren, die sich durch die internationalen Bestrebungen ergeben können, nationale Steuerrechtsordnungen zu synchronisieren, um grenzüberschreitende Zusatzbelastungen zu vermeiden: Schaffung von Voraussetzungen, die zu gegebener Zeit den Abschluss von Doppelbesteuerungsabkommen und die Anwendung steuerlicher EU-Richtlinien auch auf Liechtenstein ermöglichen (Mutter-Tochter-, Zinsen-Lizenzen- und Fusions-Richtlinie). Darüber hinaus hat das neue liechtensteinische Steuergesetz die verschiedenen, international vereinbarten Abkommen sowie die darin enthaltenen Anforderungen zu berücksichtigen. Zu beachten sind insoweit insbesondere auch die Bestimmungen der Vereinbarungen mit der Schweiz und Österreich. Das Kriterium der europarechtlichen Konformität bedingt, dass das zukünftige liechtensteinische Steuersystem den europarechtlich bindenden Vorgaben nachkommt, um auch zukünftig sowohl über ein wettbewerbs- und leistungsfähiges sowie attraktives als auch über ein – der liechtensteinischen Steuertradition entsprechend – rechtssicheres und verlässliches Steuergesetz zu verfügen. Dabei sind die Belange des Finanzplatzes Liechtenstein in seiner Entwicklung innerhalb dieses vorgegebenen Rahmens standortspezifisch zu beachten. Von den Bestimmungen des EWR-Abkommens sind neben dem allgemeinen Diskriminierungsverbot insbesondere die Grundfreiheiten und die Regelungen über das Verbot staatlicher Beihilfen einschließlich ring fencing sowie die hierzu ergangenen Entscheidungen des Europäischen und des EFTA-Gerichtshofes zu nationalen und internationalen Steuerregelungen im Bereich der direkten Steuern zu berücksichtigen. Dementsprechend darf das zukünftige liechtensteinische Steuersystem weder zu Diskriminierungen noch zu Beschränkungen führen, die nicht gerechtfertigt werden können. Steuerliche Sondervorschriften, die Gefahr laufen, von der EFTA-Überwachungsbehörde als staatliche Beihilfen eingestuft und dementsprechend beanstandet zu werden, sind durch eine Integration in die allgemeinen Bestimmungen zu modifizieren, ohne dass dadurch die steuerliche Attraktivität und Wettbewerbsfähigkeit des Wirtschaftsstandortes und Finanzplatzes Liechtenstein geschmälert wird.

In: http://www.liechtenstein.li

Die Liechtensteiner Steueraffäre als Menetekel des Rechtsstaats

Professor Dr. Dres. h. c. Bernd Schünemann, München

I. Überblick

1. Die »Liechtensteiner Steueraffäre«, also der von BND und Finanzverwaltung organisierte Ankauf geheimhaltungspflichtiger Daten deutscher Steuerbürger von einem dadurch seine strafrechtlichen Pflichten verletzenden ehemaligen Bankmitarbeiter aus Liechtenstein zum Zweck der Verwertung in Steuerstraf- und -festsetzungsverfahren [1], könnte für die Rechtsprobleme der den modernen Strafprozess kennzeichnenden Vergeheimdienstlichung [2] vielleicht in Zukunft eine ähnliche Schlüsselstellung gewinnen wie der berühmte Miranda-Fall für das amerikanische Strafverfahren [3]. Wenn die Aufgabe der Strafrechtswissenschaft in einer verfassungsrechtlich notwendigen Kontrolle der Strafrechtspflege (als der brutalsten Form staatlicher Machtausübung) durch die Vernunft [4] und das Spezifikum der deutschen Strafrechtswissenschaft in einem der Idee nach lückenlosen dogmatischen Netz und der dadurch ermöglichten engmaschigen rechtswissenschaftlichen Kontrolle der Judikatur besteht [5], so bildet es einen glänzenden Beleg für deren Leistungsfähigkeit, dass die Affäre innerhalb weniger Wochen nicht nur in der Tagespresse [6], sondern bereits in den strafrechtlichen Fachzeitschriften intensiv analysiert und diskutiert wird. Die pionierartigen Beiträge von Sieber

[7], Trüg/Habetha [8] und Kölbel [9] sind deshalb in ihrer Verdienstlichkeit unbeschadet dessen zu rühmen, dass sie in mancherlei Beziehung zum Widerspruch herausfordern. Denn dass sie so rasch und gründlich die Tore zur Erforschung der durch das Vorgehen der deutschen Behörden aufgeworfenen, fundamentalen Rechtsprobleme aufgestoßen haben, schafft der Rechtswissenschaft die seltene Möglichkeit, die »Bewältigung« der Affäre kritisch zu begleiten und nicht erst gleich der Eule der Minerva in der Dämmerung ihren Flug zu beginnen.

2. Der Gesamtkomplex wirft auf mehreren Ebenen sowohl strafrechtliche als auch strafprozessrechtliche Fragen auf, die mit der Zusammenarbeit zwischen dem BND und den Finanzbehörden beginnen und bis zur Verwertbarkeit der aufgrund der zwischenzeitlich durchgeführten Durchsuchungen mittelbar erlangten Beweismittel reichen: Darf ein Steuerstrafverfahren mit Hilfe des BND geführt werden (s.u.II.)? Darf der Staat Beweismaterial ankaufen, wenn dieses kriminell kontaminiert ist (s.u.III.)? Welche Konsequenzen ergeben sich daraus für die unmittelbare oder mittelbare Verwertung im Strafverfahren (s.u.IV.)?

II. Kompetenzüberschreitung des BND im Steuerstrafverfahren

1. Ob oder wann Geheimdienste ihre Rechercheergebnisse an Strafverfolgungsbehörden weitergeben dürfen, haben die einschlägigen Gesetze – ebenso wie der Bundesfinanzminister im Liechtensteiner Fall – als eine Frage der Amtshilfe behandelt: In § 9 I BND-Gesetz ist, ähnlich wie ganz allgemein für die Verfassungsschutzämter des Bundes und der Länder [10], die Befugnis des BND zur Übermittlung der von ihm recherchierten Informationen an inländische

öffentliche Stellen vorgesehen, wenn diese die Daten für Zwecke der öffentlichen Sicherheit benötigen, was nach dem üblichen Begriffsverständnis im Polizeirecht die Strafverfolgung einschließt [11]. Aber so einfach liegen die Dinge nicht. Während Verwaltungsbehörden sozusagen auf derselben Ebene agieren und die Informationen bei ihrer Weitergabe, bildlich gesprochen, ihren Aggregatzustand nicht ändern, verwandeln sie sich bei der Weitergabe an die Strafverfolgungsbehörden quasi in Explosivstoffe. Denn das Strafrecht trennt den Bürger vom Verbrecher, den freien Menschen von der wie in einem Käfig gehaltenen Kreatur. Für die Informationsgewinnung und -verwertung im Strafverfahren gelten deshalb seit je und sachlich mit Recht spezifische Regeln, denen man mit den schlichten Grundsätzen der behördlichen Amtshilfe nicht gerecht wird [12].

2. Im Verhältnis der Strafverfolgungsbehörden zu den Geheimdiensten geht es um die strafprozessualen Konsequenzen des sog. Trennungsgebots, das an der Wiege der Wiedereinrichtung deutscher Polizeibehörden nach 1945 gestanden hat und als direkte Reaktion auf den Polizeiterror im Dritten Reich, der durch die Verbindung von Strafverfolgung, Präventivpolizei und Geheimdienst im Reichssicherheitshauptamt charakterisiert war, eine Art Gewaltentrennung innerhalb der im weitesten Sinne polizeilichen Aufgaben des Staates sicherstellen sollte [13]. Weil gerade die Fundamentalprinzipien des Grundgesetzes nach bewährter Rechtsprechung des BVerfG in dessen Frontstellung zum Dritten Reich gesehen und danach interpretiert werden müssen [14], drängt es sich geradezu auf, im Trennungsgebot eine besonders markante Ausprägung des spezifisch deutschen Rechtsstaatsprinzips zu sehen. Dass die Zahl der Verfechter dieser These im Öffentlichen Recht eher zurückgeht [15], kann mich hierin sowenig beirren

wie ähnliche Laxheiten, die sich in Bezug auf die rechtsstaatlichen Minimalia der Strafrechtspflege auch in Richtung auf die Europäisierung des Strafrechts einzuschleichen beginnen, aber von der Strafrechtswissenschaft weder hingenommen werden können noch müssen [16]. Es gilt deshalb, nach den Auswirkungen des Trennungsgebots auf den Informationsaustausch zwischen Strafverfolgung und Geheimdienst zu fragen. Denn das formelle Trennungsprinzip würde ja keinen vernünftigen Sinn machen, wenn materiell über einen permanenten Informationsaustausch doch eine Gleichschaltung hergestellt werden könnte. Unter diesem Aspekt würde nun aber die Bindung strafprozessualer Ermittlungsmaßnahmen an bestimmte Verdachtsschwellen weitgehend leerlaufen, wenn es einen unbegrenzten Informationstransfer der auf prinzipiell geheimen Wegen und prinzipiell verdachtsunabhängig erzielten Rechercheergebnisse von den Geheimdiensten an die Strafverfolgungsbehörden geben könnte. Es muss also zumindest bestimmte Übermittlungsschwellen geben, für die sich auch in der neueren Rechtsprechung der Verfassungsgerichte mehr und mehr Anhaltspunkte finden, die im Lichte der zunehmend geforderten rechtsstaatlichen Kompensation heimlicher Ermittlungsmethoden systematisch fortentwickelt werden müssen.

So hat das BVerfG in seiner Entscheidung zu den Kompetenzen des BND auf Grund des G 10 ausgesprochen, dass es nicht gerechtfertigt sei, die Übermittlungsschwelle für personenbezogene Daten, die aus einem präventiven nachrichtendienstlichen Eingriff in das Fernmeldegeheimnis stammen, unter diejenige abzusenken, welche für Eingriffe in das Fernmeldegeheimnis nach § 100a StPO gilt [17]. Und der Sächs. VerfGH hat in seinem Urteil vom 21. Juli 2005 zum Großen Lauschangriff durch den sächsischen Verfassungsschutz bekräftigt, dass den Strafverfolgungsbehörden nur solche Daten übermittelt werden dürfen, die diese selbst von Verfassungs wegen hätten erheben dürfen [18]. Diese für die Telekommunikationsüberwachung ausgesprochenen Grundsätze besitzen naturgemäß vermöge der materiellen Komponente des Trennungsgebots allgemeine Geltung, denn wenn den Strafverfolgungsbehörden vom Gesetzgeber in Beachtung der Grundrechte nur eingeschränkte Kompetenzen zugewiesen worden sind, so muss diese Beschränkung auch bei der Strafverfolgung durch Datenübermittlung beachtet werden.

Daraus folgt grundsätzlich eine Übermittlungssperre für vom BND im Ausland durchgeführte Ermittlungen und deren Ergebnisse, weil die deutschen Strafverfolgungsbehörden für Ermittlungen im Ausland auf den Weg der Rechtshilfe angewiesen sind. Ich möchte das »die Übermittlungsschwelle aus der Kompetenzgrenze der empfangenden Stelle« nennen. Darüber hinaus ergibt sich aber auch eine »Übermittlungsschwelle aus der Kompetenzgrenze der übermittelnden Stelle«, die sogar in § 9 des BND-Gesetzes ausdrücklich anerkannt worden ist. Zwar heißt es zunächst in § 9 I ohne Einschränkung, dass der BND Informationen, die für Zwecke der öffentlichen Sicherheit benötigt werden, an inländische öffentliche Stellen übermitteln darf. Gemäß § 9 III hat der BND die Übermittlung von Amts wegen aber nur unter den Voraussetzungen von § 20 BVerfSchG vorzunehmen, d. h. wenn tatsächliche Anhaltspunkte dafür bestehen, dass die Übermittlung zur Verfolgung von Staatsschutzdelikten erforderlich ist. Diese Regelung darf man bei verfassungskonformer Auslegung nicht etwa dahin missverstehen, dass § 9 III BND-Gesetz ausschließlich die interne Pflicht zur Übermittlung betreffe und einschränke, während daneben ein Ermessensbereich existiere, auch außerhalb der Staatsschutzdelikte Ermittlungsergebnisse von Amts wegen an die Strafverfolgungsbehörden weiterzugeben. Denn dann stünde die Reichweite des materiellen Trennungsgebots letzten Endes im Ermessen des BND, und das Trennungsprinzip selbst wäre praktisch en quelque façon nulle. Außerdem läge darin eine Verletzung des Bestimmtheitsgrundsatzes vor, den das BVerfG, nachdem es ihn im Bereich des materiellen Strafrechts über Jahrzehnte hinweg nicht allzu ernst genommen hat [19], im Bereich der staatlichen Eingriffe in das Persönlichkeitsrecht mit schneidender Schärfe exekutiert [20]. Ein Ermessen des BND, seine Rechercheergebnisse außerhalb der Verfolgung von Staatsschutzdelikten an deutsche Strafverfolgungsbehörden zu übermitteln oder auch nicht, kann es deshalb im Rechtsstaat des Grundgesetzes nicht geben. Und für die Datenübermittlung an allgemeine Behörden wie etwa die Finanzbehörden muss das a fortiori gelten.

Zu diesen sämtlich im Rechtsstaatsprinzip wurzelnden Übermittlungsschranken kommt die mögliche Völkerrechtswidrigkeit der Erhebung von in Liechtenstein strafrechtlich geschützten Daten hinzu. Auch wenn Politik und Finanzadministration publizistisch geschickt die Empörung der Bevölkerung über Steuerhinterziehung durch wohlhabende Täter geschürt haben, kann die politische Empörung über eine unzulängliche Zusammenarbeit des Kleinstaats Liechtenstein mit dem deutschen Steuerfiskus ja nicht darüber hinwegtäuschen, dass die Beziehungen zu Liechtenstein völkerrechtlicher Art sind und deshalb direkte deutsche strafprozessuale Ermittlungen auf Liechtensteiner Territorium verbieten. Die (zwar nicht mit Gewalt, aber mit unten noch zu behandelnden strafbaren Methoden bewerkstelligte) Beschaffung der Liechtensteiner Bankdaten bedeutet ein Gegenstück zu der völkerrechtswidrigen Entführung des Beschuldigten im Ausland, die zwar in der früheren Rechtsprechung des BVerfG mit großer Nonchalance behandelt worden ist [21], aber von ihm angesichts seiner deutlich gewachsenen Sensibilität gegenüber den rechtsgelösten Eingriffswerkzeugen des Überwachungsstaates heute weitaus kritischer beurteilt werden dürfte [22].

3. Die so überaus effiziente Zusammenarbeit zwischen dem BND und den deutschen Finanzbehörden im Liechtensteiner Fall war infolgedessen, mag man mit dem Bundesfinanzminister von Amtshilfe oder von Beifang sprechen [23], rechtswidrig. Wenn Sieber und Kölbel in ihren kompetenzrechtlichen Analysen zu einem – freilich bewusst vorsichtig und zurückhaltend formulierten [24] – abweichenden Ergebnis kommen, so beruht das im Kern darauf, dass sie sich an Stelle der vorstehend entwickelten prinzipiengeleiteten Rechtsfindung auf eine eher positivistische Interpretation einzelner Normen beschränken. Aber auch auf dieser sozusagen unteren systematischen Ebene muss ihnen widersprochen werden.

Kölbel stützt die Befugnis des BND, die Finanzbehörden über die zum Kauf angebotenen Daten zu informieren, schlicht auf § 116 AO und lehnt die Einschränkung der hiernach bestehenden allgemeinen Befugnis zur Übermittlung steuerlich relevanter Daten an die Steuerfahnder durch § 9 BND-Gesetz ab, weil die letztere Norm zwar bezüglich der betroffenen Behörde spezieller, bezüglich des Informationsgegenstandes aber genereller sei, weshalb beide Vorschriften in einem Ergänzungsverhältnis gesehen werden müssten, das die Informationsmöglichkeiten des BND erweitere [25]. Ähnlich will Sieber ebenfalls § 116 AO als die gegenüber § 9 I BND-Gesetz »inhaltsreichere Norm« anwenden, hierbei jedoch »die Eingriffsintensität der dem BND zur Verfügung stehenden nachrichtendienstlichen Mittel durch eine entsprechende Restriktion von § 116 AO« berücksichtigen [26]. Aber mit dem (Siebers wie Kölbels Konzept gemeinsamen) Eingeständnis, dass das logische Verhältnis der beiden Normen zueinander nicht eindeutig ist, hat sich die logische Analyse erschöpft und muss durch eine teleologische Betrachtung ergänzt werden, die sich im Kern auch bei Sieber und Kölbel findet [27], ohne dass dabei aber die für einen Rechtsstaat zentralen Gesichtspunkte berücksichtigt werden: Außer dem schon oben abgehandelten Trennungsprinzip fehlen bei ihnen die weiteren Einschränkungen aus den Übermittlungsschwellen, dem Bestimmtheitsgrundsatz sowie dem Völkerrecht. Und eine fünfte Begrenzung ergibt sich sogar aus dem Wortlaut des § 116 AO, weil darin ausdrücklich vorausgesetzt wird, dass die Gerichte und Behörden die mitzuteilenden Tatsachen »dienstlich erfahren«. Weil die Begehung von Straftaten allen Amtsträgern von Rechts wegen verboten ist und damit keine Diensthandlung, sondern nur eine Privathandlung sein kann, kann es auch nach § 116 AO keine Übermittlungspflicht für solche Informationen geben, die nur durch Mitwirkung an einer Straftat (s. u. III.) erlangt werden können. Infolgedessen kann aber auch § 116 AO über die aus dem materiellen Strafrecht folgenden Grenzen der nachrichtendienstlichen Aktivitäten nicht hinweghelfen.

III. Zur strafrechtlichen Rechtslage

1. Der strafrechtsdogmatischen Analyse ist die salvatorische Klausel voranzuschicken, dass endgültige Aussagen über den Liechtenstein-Komplex wegen der ungesicherten Faktenlage nicht möglich sind. Ebenso muss aber auch deutlich gesagt werden, dass diese Unklarheit auf die lückenhafte Informationspolitik der beteiligten Staatsorgane zurückzuführen ist, die ja nur im Zusammenhang mit dem Steuergeheimnis einzelner Bürger rechtlich vorgeschrieben wäre [28], bezüglich der nach wie vor von einem Nebel um-

waberten Gesamtaktion dagegen den Verdacht nährt, dass es immer noch genügend Details gibt, die das Licht der demokratischen Öffentlichkeit zu scheuen haben.

2. Von den weiterhin obwaltenden Unklarheiten in tatsächlicher Hinsicht bleiben aber die rechtlich entscheidenden Schlüsselfragen unberührt:

a) Was der BND im einzelnen unternommen hat, bis der Liechtensteiner Informant die Daten endgültig den deutschen Behörden verkauft hat, ist bis jetzt ungeklärt [29]. In der Presse ist davon die Rede, dass der BND dem Informanten sogar eine neue Identität verschafft habe, wodurch sich freilich erklären würde, warum dieser den Weg über den BND gesucht und nicht einfach dem Bundesfinanzminister einen Brief geschrieben hat. Aber völlig unabhängig davon zwingen jedenfalls die feststehenden Akte und Kontakte des BND zu der Subsumption, dass dieser den endgültigen Ankauf der Daten in der konkreten Art und Weise überhaupt erst ermöglicht und durch diese arbeitsteilige Zusammenarbeit daran in eigener Tatherrschaft mitgewirkt hat [30].

b) Weiter scheint zunächst klar zu sein, dass sich der Datenverkäufer selbst durch den Verkauf nach § 124 II des Liechtensteinischen Strafgesetzbuches [31] eines mit Freiheitsstrafe bis zu fünf Jahren bedrohten Delikts schuldig gemacht hat, weil er ein Geschäftsgeheimnis, zu dessen Wahrung er verpflichtet war, zur Verwendung im Ausland preisgab. Nach dem in Liechtenstein gemäß § 12 liStGB geltenden Einheitstäterprinzip sind alle daran Beteiligten als Täter strafbar, auch wenn sie nach der deutschen Systematik nur Anstifter wären, so dass sich selbst der Bundesfinanzminister, insoweit er über den Vorgang informiert gewesen wäre und damit zumindest durch Unterlassen die maßgebliche

Entscheidung getroffen hätte, nach liechtensteinischem Recht ebenfalls als Täter zu verantworten hätte.

Das ist nun freilich als solches kein Thema der deutschen Strafrechtswissenschaft, das vielmehr in der Frage besteht, welche Rechtsfolgen sich aus einer kriminellen Übermittlung von Beweismaterial für das deutsche Recht ergeben. Das Bundesfinanzministerium scheint eine einfache Rechtfertigung nach dem Prinzip der Güterabwägung reklamieren zu wollen, weil (ohne Erörterung bestimmter Straftatbestände) immer wieder hervorgehoben wird, dass man für wenige Millionen Euro, die dem liechtensteinischen Kriminellen gezahlt wurden, hunderte von Millionen für den deutschen Fiskus erlösen werde. Philosophisch gesprochen ist das freilich kruder Handlungsutilitarismus, der heute selbst in der utilitaristischen Philosophie vollständig verworfen und durch den Regelutilitarismus abgelöst worden ist, wonach man die Bilanzierung nach dem Prinzip »Das größte Glück der größten Zahl« nicht nach dem Lustgewinn der einzelnen Handlung, sondern nach den Gesamtfolgen der hinter ihr stehenden Maxime vorzunehmen hat. [32] Und diese Maxime lautet ja offenbar, dass es nicht auf rechtliche Begrenzungen der Staatsgewalt ankomme, sofern nur der finanzielle Nutzen die finanziellen Aufwendungen überwiege. Die damit implizierte Verneinung aller Errungenschaften des Rechtsstaats ist mit der Formel »Der Zweck heiligt die Mittel« schon einmal propagiert worden und hat in einen beispiellosen Orkus geführt, in dem sich allein das größte Unglück der größten Zahl wiederfand und den zweifellos niemand wiederbeleben will.

Weniger prekär wäre deshalb eine Berufung auf die Vorschrift des § 34 StGB, die aber ebenfalls nicht einschlägig ist, denn sie gilt nach unstreitiger Auffassung für das Handeln des Staates allenfalls in extremen Notsituationen und kann auch sonst nicht auf eine bloße Güterabwägung reduziert werden. [33] Einem Ankauf kriminell produzierten Beweismaterials vom Produzenten als staatliche Ermittlungsmethode steht aber das vorrangige Interesse an Rechtsstaatlichkeit und überdies die Angemessenheitsklausel des § 34 StGB entgegen.

c) Eine Rechtfertigung scheidet deshalb aus, aber erfüllt der Ankauf der Daten durch den deutschen Fiskus überhaupt einen deutschen Straftatbestand? Denn die Zahlung von Belohnung für Hinweise zur Aufklärung von Straftaten ist ein traditionelles Mittel der Strafverfolgung; der Geheimnisverrat wird in den USA gegenwärtig speziell im Wirtschaftsstrafrecht durch die systematische Unterstützung des sog. whistleblowing sogar institutionalisiert [34]; und Bankmitarbeiter haben im deutschen Strafprozess kein Zeugnisverweigerungsrecht, so dass der Datenverkäufer, wäre er als Zeuge vernommen worden, sein gesamtes Wissen zu offenbaren gehabt hätte. Aber der Ankauf von Daten, die sich der Verkäufer mutmaßlich durch eine auch im deutschen Recht strafbare Handlung (arg. § 202a StGB) verschafft hat [35], ist ein aliud, für das die Erfüllung deutscher Straftatbestände sozusagen ganz normal zu prüfen ist und für das die Anwendbarkeit des deutschen Strafrechts gem. §§ 3, 9 StGB nicht bezweifelt werden kann.

Der Tatbestand der Hehlerei, an den man als erstes denken muss, ist möglicherweise deshalb nicht erfüllt, weil die angekaufte CD als Sache keine rechtswidrige Vermögenslage verkörperte, sondern nur ausgespähte Daten transportiert, die als solche nicht in den Schutzbereich des § 259 StGB fallen. [36] Letztlich muss diese Frage nach heutiger Erkenntnis offen bleiben, weil der genaue Lebensweg der CD nicht bekannt ist. Weniger zweifelhaft scheint mir dagegen zu sein, dass sich der liechtensteinische Lieferant durch die Übermittlung nach Deutschland auch nach deutschem Recht, nämlich gemäß § 17 II Nr. 2 UWG wegen Verrats von Geschäftsgeheimnissen strafbar gemacht hat, weil er aus Eigennutz ein fremdes Geschäftsgeheimnis, das er sich durch Herstellung einer verkörperten Wiedergabe unbefugt verschafft hatte, jemandem unbefugt mitteilte. [37] Letztlich muss sogar der Tatbestand der Geldwäsche gemäß § 261 I Nr. 4a und VIII StGB jedenfalls in Erwägung gezogen werden, denn einige in der Presse verbreitete Informationen deuten darauf hin, dass die CD das Produkt einer gewerbsmäßigen Unterschlagung oder Untreue gewesen ist [38].

Für die einkaufenden Finanzbehörden selbst liegt nicht nur eine Beihilfe zu § 17 II Nr. 2 UWG vor [39], sondern sogar Anstiftung. Denn indem dem Informanten eine Summe von mehr als vier Millionen Euro für die strafbare Verletzung des Geschäftsgeheimnisses der Liechtensteinischen Bank angeboten wurde, wurde ja nicht ein zur Tat schon endgültig Entschlossener (sog. omnimodo facturus) in seinem Entschluss bestärkt, sondern es wurde diejenige Bedingung erfüllt, die er für einen Tatentschluss selbst gesetzt hatte. Bei den vergleichbaren Bestechungsdelikten ist mit Recht allgemein anerkannt, dass der Bestechende dann, wenn die pflichtwidrige Diensthandlung zugleich einen Straftatbestand erfüllt, nicht nur wegen Beihilfe, sondern wegen Anstiftung zu dieser Straftat strafbar ist [40].

d) Dieses Ergebnis der strafrechtlichen Subsumption scheint prima facie die um Durchsetzung der Steuerehrlichkeit besorgten Amtsträger unbillig zu belasten und wirkt dadurch kontraintuitiv. Sieber denkt deshalb an die Lösung, dass die Strafbarkeit der Finanzbeamten auf Grund eines Verbotsirrtums ausgeschlossen sein könne, »soweit dieser auf Grund der Neuartigkeit der vorliegenden Probleme nicht vermeidbar« gewesen sei, wofür »im Ergebnis gute Gründe«

sprächen, weil dann »zukünftig Geheimnisträger« nicht mehr »zur Offenlegung (sprich: Verrat!) von Geschäftsgeheimnissen aufgefordert werden« dürften, »gleichzeitig aber auch eine angemessene Beurteilung des Verhaltens der Finanzbeamten« ermöglicht werde, »wenn diese in einer komplexen und vom Gesetzgeber nicht geregelten Materie in gutem Glauben an entsprechende Befugnisse ansonsten kaum fassbare Steuerdelikte aufdeckten« [41]. Aber das wäre schon in moralischer und politisch-praktischer Hinsicht nur scheinbar eine salomonische Lösung, denn es würde ja auf eine durch nichts gerechtfertigte Ungleichbehandlung der durch die BND-Aktion ermittelten Beschuldigten mit allen anderen in einer ähnlichen Situation stehenden und zukünftig dann eben nicht mehr ermittelbaren Personen hinauslaufen [42]. Vor allem aber muss in dogmatischer Hinsicht Widerspruch angemeldet werden, denn die bisher bloß vorliegende Versicherung der Behörden bis hin zum Bundesfinanzminister, man habe alles gründlich geprüft, genügt nicht einmal den in der Literatur gestellten moderaten Anforderungen an die Vermeidbarkeit eines Verbotsirrtums gemäß § 17 StGB [43], geschweige denn den strengen Kriterien der Rechtsprechung [44]. Im Unterschied zu den Problemen der strafprozessualen Verwertung illegal erlangter Beweismittel ist ja die strafrechtliche Beurteilung des Falles nicht besonders kompliziert: Wenn die BND-Mitarbeiter und die beteiligten Finanzbeamten eine Anstiftung zum Vergehen des § 17 II Nr. 2 UWG begangen haben, für die es weder im geschriebenen noch im ungeschriebenen Recht einen Rechtfertigungsgrund gibt, und der Zweck nicht kriminelle Mittel heiligt, so kann sich jeder Amtsträger des demokratischen Rechtsstaats der Bundesrepublik Deutschland nach seinen eigenen Fähigkeiten und Kenntnissen den Vorrang des rechtlichen Verbots selbst klarmachen. Wenn Amtsträger aber glauben, zum Zwecke der Erzielung von

Steuermehreinnahmen nicht mehr an das Gesetz gebunden zu sein, dann fehlt es an der »subjektiven Rechtsbefolgungsbereitschaft des Täters«, so dass – um Roxins Formel zu benutzen – »ein Freispruch nicht ohne Erschütterung des allgemeinen Rechtsbewusstseins tragbar« wäre. Und »bei Einholung von Rechtsrat durch eine sachkundige, neutrale Person«, über den in den sonst regen Presseverlautbarungen bisher allerdings noch nichts zu lesen war, hätte die richtig gestellte Frage, ob zur Steigerung des staatlichen Steueraufkommens Straftaten begangen werden dürfen, nur mit einem klaren Nein beantwortet werden können.

IV. Zur Verwertbarkeit der Beweismittel

Was die zentrale strafprozessrechtliche Frage der Verwertbarkeit der auf der angekauften CD gespeicherten Daten anbetrifft, so sind zwei Betrachtungsebenen zu unterscheiden, die sich ihrerseits in mehrere Unterpunkte gliedern: Auf der Kompetenzebene geht es um die Frage, ob die vom Geheimdienst in Unterstützung der deutschen Strafverfolgung bei Steuerdelikten und/oder des deutschen Steuerfiskus rechtswidrig übermittelten Informationen weiterverwendet werden dürfen; und auf der Rechtsstaatsebene geht es um die Frage, ob von Privaten und/oder Ermittlungsbehörden mit strafbaren Methoden beschaffte Beweismittel im Strafverfahren verwertbar sind.

1. Auch wenn der Liechtensteinfall letztlich zur Entscheidung des BVerfG gestellt werden und dieses den Schlussstein in die von ihm in den letzten Jahren mit aller Kraft betriebene Zähmung und Eingrenzung des Überwachungsstaates einfügen sollte, indem es das Trennungsgebot mit präzisen Konturen im Rechtsstaatsprinzip verankert (i.e. dazu oben), bleibt die Frage nach der unmittelbaren oder

mittelbaren Verwertbarkeit der illegal erlangten Beweismittel zunächst offen, weil nach der in der Rechtsprechung herrschenden Abwägungslehre Kompetenzmängel die Verwertbarkeit des erlangen Beweismittels nicht für sich allein, sondern nur im Fall bewusster Missachtung oder gleichgewichtig grober Verkennungen ausschließen [45]. Unbeschadet dessen lässt sich bei unzulässiger Einwirkung des BND die Unverwertbarkeit im Strafverfahren wegen Steuerhinterziehung aber jedenfalls durch eine hier nicht näher auszuführende Analogie zu den Verwertungsregeln bei der Telekommunikationsüberwachung begründen, die ursprünglich vom BVerfG formuliert [46] und inzwischen in die stop [47] aufgenommen worden sind.

2. Damit noch nicht eo ipso beantwortet ist allerdings die Frage der Fernwirkung, also ob die Ergebnisse einer durch die CD an sich rechtswidrig inspirierten Durchsuchung in Deutschland verwertbar sind oder nicht – was nach Rspr. wie h.L. nur ausnahmsweise in Betracht kommt [48]. In der Liechtenstein-Affäre kommt allerdings als Zuspitzung die Frage hinzu, ob der Staat kriminell erstelltes Beweismaterial von dem Kriminellen unter geheimdienstlicher Mitwirkung ankaufen und dann immerhin mittelbar als Beweismittel im Strafverfahren gegen andere Personen verwerten darf. Dass eine hiernach arbeitende Strafverfolgung das Gesetz des Rechtsstaats durch das Gesetz des Dschungels substituieren würde, ist in meinen Augen nicht zu bestreiten. Anders als möglicherweise bei der intrikaten Frage nach den Fernwirkungen einer (nur) die Kompetenzgrenzen nicht einhaltenden Datenübermittlung muss sich hier meiner Meinung nach das Verwertungsverbot auch auf die Früchte des vergifteten Baumes [49] erstrecken, weil darin die einzige Möglichkeit besteht, den Rechtsstaat in integrum zu restituieren. Daran kann auch die verständliche

Empörung über Steuerhinterziehungen durch wohlhabende Täter nichts ändern, zumal der Jurist das Problem aus der Perspektive des Ermittlungsverfahrens zu analysieren hat und sich durch einen planmäßig inszenierten öffentlichen Abscheu nicht irritieren lassen darf, sondern darauf insistieren wird, dass sich der Rechtsstaat des Grundgesetzes gerade auch gegenüber derartigen Versuchungen behaupten muss.

[1] Der bisher bekannte Sachverhalt ist bei Kölbel NStZ 2008, 241ff. zusammengefasst.

[2] Dazu Wolter ZStW 107 (1995), 793; Paeffgen GA 2003, 647ff.; ders. StV 2002, 336; Soiné NStZ 2007, 247ff.; Roggan/Bergmann NJW 2007, 876ff.; w.N.b. Schünemann ZStW 114 (2002), 1, 14ff.; ders. ZStW 119 (2007), 945, 948ff.

[3] Miranda vs. Arizona, 384 U.S. 436 (1966).

[4] Schünemann in FS Herzberg, 2008, S. 39, 46.

[5] Durch die so etwas wie eine vierte Gewalt im Staat entsteht, die nur kontrolliert, aber nicht herrscht und dadurch eine einzigartige Antwort auf die intrikate Frage bereithält: »Quis custodiet ipsos custodientes?«, s. Schünemann in FS Roxin, 2001, S. 1, 8.

[6] Statt aller das tiefschürfende Dossier in der NZZ v. 14. 3. 2008, u. a. mit dem Beitrag von Lüderssen Aus Unrecht entsteht kein Recht.

[7] NJW 2008, 881ff.

[8] NJW 2008, 887ff. unter Konzentration auf das materielle Recht.

[9] NStZ 2008, 241ff. unter Konzentration auf die Fragen der Beweisverwertung. Zur Einordnung in die allgemeine Entwicklung des modernen Strafverfahrens s. meinen Beitrag, GA 2008, 314, 324ff.

[10] Exemplarisch § 17 nordrhein-westfälisches VSG.

[11] BVerfGE 69, 315, 352; Drews/Wacke/Vogel/Martens Gefahrenabwehr, 9. Aufl., S. 236; Tettinger/Erbguth Besonderes VerwaltungsR, 8. Aufl., Rn 446; Schoch in Schmidt-Aßmann (Hrsg.), Besonderes VerwaltungsR, 13. Aufl, Kap. 2 Rn 69; Möstl, Die staatliche Garantie für die öffentliche Sicherheit und Ordnung, 2002, S. 151. Vgl. auch den Wortlaut Art. 11 II Nr. 1 BayPAG, der drohende Straftaten quasi als »Regelbeispiel« einer Gefahr für die öffentliche Sicherheit festschreibt.

[12] Für eine restriktive Interpretation des § 9-Gesetzes durch eine Analogie zum G 10-Gesetz auch Sieber NJW 2008, 882.

[13] Zur Bedeutung des Trennungsprinzips eingehend M. König, Trennung und Zusammenarbeit von Polizei und Nachrichtendiensten, 2005, S. 70ff., 118ff.; Roggan/Bergemann NJW 2007, 876ff. mwN; auch Paeffgen GA 2003, 671; ders./Gärditz KritJ 2000, 65, 75; ausf. Gärditz, Strafprozess und Prävention, 2003, S. 137ff., 216f., 424f.

[14] Dazu allgemein BVerfGE 6, 32, 37; 18, 112, 117; 30, 173, 172 und speziell im Strafrecht BVerfGE 39, 1 (36).

[15] Das Prinzip zumindest relativierend etwa Brenner, Bundesnachrichtendienst im Rechtsstaat, 1995, S. 52; Deutsch, Die heimliche Erhebung von Informationen und deren Aufbewahrung durch die Polizei, 1992, S. 29ff.; Koch ZRP 1995, 24ff.; Roewer DVBl 1986, 206; König (o. Fn 13), S. 255f.; dagegen Sandkühl in FS Hamm, 2008, S. 615ff.

[16] Näher dazu Schünemann ZIS 2007, 528ff., 535f.; ders. KritV 2008, 6ff. mwN.

[17] BVerfGE 100, 313, 394.

[18] SächsVerfGH NJW 2005, 3559 (III. 1. b aa a.E).

[19] Schünemann, Nulla poena sine lege? 1978, S. 6f. (»Tiefpunkt des nulla-poena-Satzes«); heute ausf. Roxin, StrafR AT I, 4. Aufl., § 5 Rn 68ff.

[20] Vgl. BVerfGE 65, 1, 46; 110, 33, 70; 113, 29, 51; 115, 320, 365; sowie die aktuelle Entsch. v. 11. 3. 2008 zur automatisierten Erfassung von Kfz-Kennzeichen (1 BvR 2074/05, 1254/07).

[21] BVerfG NStZ 1986, 178f.

[22] Zur Kritik s. Schünemann FG für Pötz, 1993, S. 215ff.; Lüderssen (o. Fn 6).

[23] Wobei in tatsächlicher Hinsicht fraglich ist, ob nicht schon der Hauptzweck in der Ermittlung mutmaßlicher Steuerstraftäter gelegen hat.

[24] Das zeigt sich bei Sieber etwa darin, dass er häufig die Einschränkung »wohl« oder »fragwürdig« benutzt (NJW 2008, 883, 886).

[25] NStZ 2008, 241ff.

[26] NJW 2008, 881, 883.

[27] Sieber will § 116 AO erst nach einer BND-spezifischen Restriktion als »inhaltsreichere« Norm heranziehen, während hinter Kölbels »Ergänzungsverhältnis« unausgesprochen die die Staatsmacht erweiternde Konzeption der Addition von Kompetenzen steckt.

[28] Wobei gerade dieses rechtliche Gebot durch die vor laufenden Fernsehkameras durchgeführte Hausdurchsuchung bei dem Beschuldigten Zumwinkel, der hierdurch der öffentlichen moralischen Hin-

richtung überantwortet wurde, massiv verletzt worden ist. Die mir bei Diskussionsveranstaltungen von Behördenvertretern entgegen gehaltene Ausflucht, Durchsuchungen ließen sich vor der Presse nie geheim halten, kann man nicht gelten lassen, weil es selbstverständlich eine Frage der Organisation ist, im Vorfeld keine unzuverlässigen Mitwisser zuzulassen. Es gibt sogar in der Kriegsgeschichte genügend Beispiele dafür, dass es ohne weiteres möglich war, selbst spektakuläre Überfälle oder Präventivschläge riesigen Ausmaßes bis zuletzt verborgen zu halten.

[29] Dazu näher mit weiteren Erwägungen Sieber NJW 1008, 881, 882; Kölbel NStZ 2008, 241ff.

[30] So dass die Mitarbeiter des BND, falls dadurch deutsche Straftatbestände verwirklicht worden sind, als Mittäter gem. § 25 II StGB beteiligt waren; s. nur LK-Schünemann § 25 Rn 156ff. und zur Möglichkeit einer Anstiftung in Mittäterschaft LK-Schünemann § 26 Rn 97.

[31] Abrufbar unter http://www.gesetze.li/get_pdf.jsp?PDF=1988037.pdf.

[32] Dazu ausf. Hooker, Ideal Code, Real World, 2000; früher etwa Brandt, A Theory of the Good and the Right, 1979, S. 163ff.; Eidenmüller Effizienz als Rechtsprinzip, 1995, S.174ff.

[33] BGHSt 27, 260; Fischer StGB, 55. Aufl., § 34 Rn 23; LK-Zieschang § 34 Rn 2f., 6ff.; S/S-Lenckner/Perron 27. Aufl., § 34 Rn 2, 7.

[34] Zahlr. Nachw. b. Hefendehl, ZStW 119 (2007), 816, 839 Fn 133.

[35] Näher Trüg/Habetha NJW 2008, 888.

[36] S/S-Stree § 259 Rn 5; Sieber NJW 2008, 881, 883.

[37] Weil es tatsächlich nicht um die Erfüllung einer Zeugenpflicht, sondern um einen Handel ging, besaß der Verkäufer gegenüber dem Geheimnisträger keine Befugnis zur Offenbarung.

[38] Zum Tatbestand der Begünstigung s. Trüg/Habetha NJW 2008, 888f.

[39] So Sieber NJW 2008, 881, 883.

[40] RGSt 13, 181, 182; 55, 181, 182; BGHSt 6, 308, 311; Lackner/Kühl § 334 Rn 6; LK-Jescheck § 334 Rn 9; MünchKomm-Korte § 334 Rn 33; NK-Kuhlen § 334 Rn 11; S/S-Heine § 334 Rn 19; SK-Rudolphi/Stein § 334 Rn 10; allg. zur Abgrenzung LK-Schünemann § 26 Rn 18f.;

auch Puppe GA 1984, 118f., müsste hier zur Annahme einer Anstiftung wegen der in dem Kaufvertrag liegenden, im Sinne Puppes den Täter »faktisch bindenden Unrechtsvereinbarung« kommen.

[41] NJW 2008, 881, 885 li.Sp.

[42] Wobei Presseberichten und der Lebenserfahrung zufolge den Ermittlungsbehörden schon heute weitere Angebote in- oder ausländischer Bankenmitarbeiter vorliegen dürften, unter Vermittlung der Verfassungsschutzämter im Inland oder des BND im Ausland strafrechtlich geschützte Geschäftsgeheimnisse zu verkaufen.

[43] Exemplarisch mwN Roxin, StrafR AT I, 4. Aufl., § 21 Rn 39f., wonach es ausreicht, wenn ein Freispruch wegen der subjektiven Rechtsbefolgungsbereitschaft des Täters ohne Erschütterung des allgemeinen Rechtsbewusstseins tragbar sei, was dann der Fall sei, wenn der Täter für die Annahme der Erlaubtheit seines Tuns verständige Gründe hatte, so dass die Einstellung zum Recht, die sich in seinem Irrtum offenbart, keiner Sanktion bedürfe.

[44] BGHSt 3, 357, 366; 4, 1, 5; 4, 237, 242f.; bekräftigt im Mannesmann-Urteil BGH NJW 2006, 522, 529 li.Sp. (insoweit in BGHSt 50, 331 nicht abgedr.), wo im Fall der Einholung von Rechtsrat »durch eine sachkundige, neutrale Person« mit Recht betont wird, dass dieser die richtige, die Essenz der Situation zutreffend wiedergebende Frage gestellt werden muss.

[45] Zuletzt BGH StV 2007, 337 mwN.

[46] Siehe o. Fn 17.

[47] §§ 100a IV 2, 100b V 3 und VI, 100d V StPO.

[48] Dazu etwa LR-Gössel Einl. L Rn 186; Meyer-Goßner Einl. Rn 57f.

[49] Dazu statt aller Kühne, StrafprozessR, 7. Aufl., Rn 912ff.; Meyer-Goßner Einl., Rn 57 mwN.

Bernd Schünemann, Die Liechtensteiner Steueraffäre als Menetekel des Rechtsstaats. In: Neue Zeitschrift für Strafrecht. Verlag C.H. Beck oHG, München 2008:06:305-310.
ISSN 0720-1753
Mit freundlicher Genehmigung des Verlages.

Quellenverzeichnis

[1] Die Zeit, 24.05.2007

[2] Magazin Mitbestimmung, 04/2008

[3] Der Spiegel, 26/2008

[4] Thomas Wieczorek, Die Dax Ritter – Wie Manager unser Land ruinieren, Knaur Taschenbuch, München 2008, S. 86

[5] MOZ, 05.06.2008

[6] Christine Demmer & Christof Schössler, Majestät brauchen Sonne, Redline Wirtschaft, Frankfurt am Main 2004, S.13

[7] Die Welt, 14.02.2008

[8] Roland Brettschart & Birgit Kofler, Nobelclubs in Österreich: Wo Einfluß, Macht und Geld verkehren, Ueberreuter, Wien 199, S.133

[9] Focus, 3/2003

[10] Welt am Sonntag, 07.11.2004

[11] Manager Magazin, 10/2002

[12] Sprachnachrichten, 03/2002

[13] www.bund.nrw.de

[14] Finanznachrichten, 28.10.2004

[15] Süddeutsche Zeitung, 11.10.2007

[16] Berliner Morgenpost, 07.07.2008

[17] Manager-Magazin, 12/2003

[18] GmbH-Rundschau, 18/2002

[19] Frankfurter Allgemeine Zeitung, 22.11.2007

[20] ZDF, 28.09.2007

[21] www.bigbrotherawards.de

[22] Berliner Zeitung, 30.05.2008

[23] Stern, 16/2008

[24] Berliner Zeitung, 25.03.2008

[25] Stern, 13/2007

[26] ebenda

[27] Berliner Zeitung, 19./20.07.2008

[28] www.wiwo.de

[29] Klaus Volk, Strafprozessrecht, C.H.Beck, Stuttgart 2001, S.231

[30] www.wdr.de

[31] Berliner Zeitung, 19./20.08.2008

[32] Der Tagesspiegel, 02.04.2008

[33] Der Spiegel, 26/2008

[34] Der Tagesspiegel, 27.02.2008

[35] Der Spiegel, 26/2008

Weiterführende Literatur

Brockhaus Konversations-Lexikon, F.A. Brockhaus, Leipzig, Berlin und Wien 1901

Deutsches Universalwörterbuch, Dudenverlag, Mannheim, Leipzig, Wien, Zürich 1989

Hannover, Heinrich, Die Republik vor Gericht 1975–1995, Erinnerungen eines unbequemen Rechtsanwalts, Aufbau Taschenbuch Verlag, Berlin 2003

Hendrikson, Kurt, Ethik und Konsumkultur, Schlichter, Stuttgart 1988

Leif, Thomas, beraten & verkauft. McKinsey & Co. – Der große Bluff der Unternehmensberater, Goldmann, München 2008

Lundberg, Ferdinand, Die Reichen und die Superreichen. Hamburg 1969

Normann, Reinhard v., Das kleine Zitate-Lexikon für die Wirtschaft, Verlag Wirtschaft und Finanzen, Düsseldorf 2000

Packard, Vance, Die geheimen Verführer – Der Griff nach dem Unbewußten in jedermann, Ullstein Sachbuch, Frankfurt/M – Berlin, Wien 1983

Perkins, John, Bekenntnisse eines Economic Hit Man. München 2007

Rose, Mathew D., Berlin Hauptstadt von Filz und Korruption, Droemer Knaur, München 1997

Roth, Jürgen, Der Deutschland Clan – Das skrupellose Netzwerk aus Politikern, Top-Managern und Justiz, Eichborn, Frankfurt am Main 2006

Rother, Andreas, Manager Weisheiten & Manager Bosheiten, Redline Wirtschaftsverlag, Frankfurt 2004

Parkinson, C. Northcote, Parkinsons neues Gesetz, Rowohlt, Reinbek 1984

Weiss, Hans & Schmiederer, Ernst, Asoziale Marktwirtschaft. Insider aus Politik und Wirtschaft enthüllen, wie die Konzerne den Staat ausplündern, Kiepenheuer & Witsch, Köln 2004

Dank

Wolf von Angern dankt hiermit den vielen ungenannt bleiben wollenden Interviewpartnern für ihre Kooperation.

Über den Autor

Der Publizist Wolf von Angern verfasst unter mehreren Pseudonymen seit vielen Jahren Artikel für bekannte Zeitschriften und überregionale Zeitungen. An über 20 Buchprojekten war er als Autor, Mitautor oder Ghostwriter beteiligt. Er lebt abwechselnd in Berlin oder auf dem Stammsitz seiner Familie in Schweden.

Zeichnungen: Hannes Schüler
Karte (S. 84): Holger Lindner / atelier holgerlindner.de

ISBN 978-3-86789-073-1

1. Auflage

Umschlaggestaltung: Rotbuch Verlag, Katharina Fuchs
Druck und Bindung: CPI Moravia Books GmbH

Ein Verlagsverzeichnis schicken wir Ihnen gern:
Rotbuch Verlag GmbH
Neue Grünstraße 18
10179 Berlin
Tel. 01805/30 99 99
(0,14 Euro/Min. aus dem deutschen Festnetz,
abweichende Preise für Mobilfunkteilnehmer)

www.rotbuch.de